Les nouveaux CAHIERS

SVT

SCIENCES DE LA VIE ET DE LA TERRE

3e PRÉPA-MÉTIERS

NOUVELLE ÉDITION

- → Des activités courtes et variées
- → Des pages dédiées au Parcours Avenir
- → Des pistes pour traiter les 17 objectifs du développement durable
- + 3 sujets pour s'entraîner au brevet

W0382953

Didier Charlieux
Professeur de SVT et biotechnologies
Lycée Premier Film, Lyon

Audrey Masclet
Professeure de biotechnologies
Lycée professionnel hôtelier François Rabelais, Dardilly

Gaëlle Quinquet Tolédano
Professeure de SVT
Académie de Toulouse

FOUCHER

LES LIENS FOUCHERCONNECT

Le manuel papier s'enrichit de ressources numériques

foucherconnect.fr

- **GRATUIT !**
- Accessible **SANS INSCRIPTION.**
- **EN LIGNE** sur www.foucherconnect.fr

Des pictogrammes indiquent au fil des pages les liens vers les ressources en ligne.

Exemple : **foucherconnect.fr**/23svt01

Soit

J'accède à la ressource *via* l'adresse complète www.foucherconnect.fr/23svt01

Soit

J'accède à la ressource *via* la plateforme www.foucherconnect.fr

J'enregistre cette page dans mes favoris pour mes prochaines visites.

Je saisis le code de la ressource indiqué dans le pictogramme.

CONCEPTION DE LA MAQUETTE
Katy Lhaïk

COMPOSITION
STDI

ILLUSTRATIONS ET INFOGRAPHIES
Vincent Landrin
et Laure Scellier

ISBN 978-2-216-16839-2

Présentation des chapitres

Quatre pages d'activités pour comprendre et apprendre

Une introduction

Les questions clés et objectifs du chapitre

Les compétences travaillées

Une vidéo d'ouverture pour aborder le chapitre

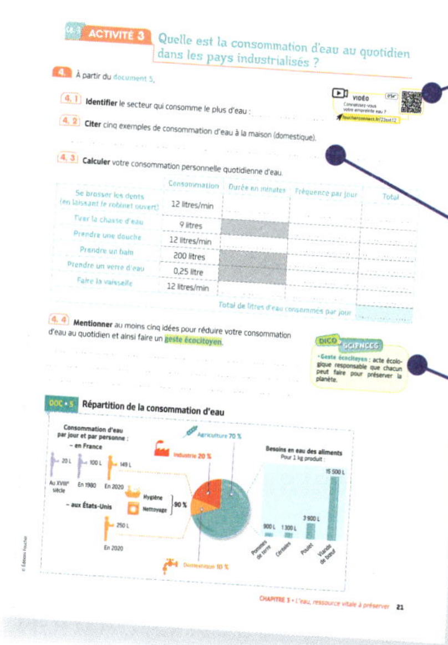

Des sites Internet ou vidéos complémentaires

Des questions sur des documents variés

Le vocabulaire important

Une page « Bilan »

Un résumé du chapitre sous forme de texte

Un schéma-bilan pour la mémoire visuelle

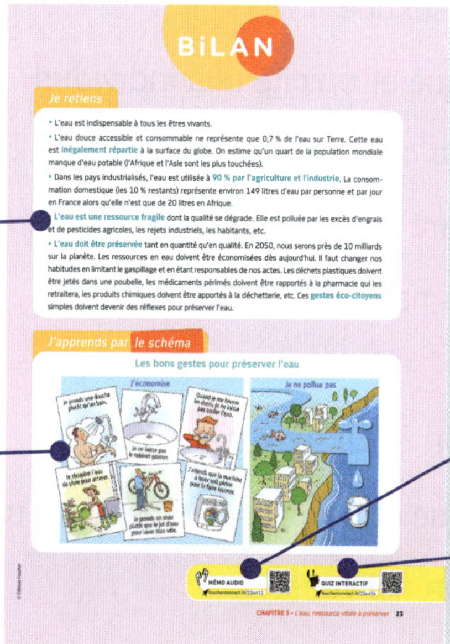

Le mémo audio pour la mémoire auditive

Un quiz interactif pour se tester

Une page « Je m'entraîne »

Des exercices pour vérifier ses connaissances

Des exercices pour les mettre en application

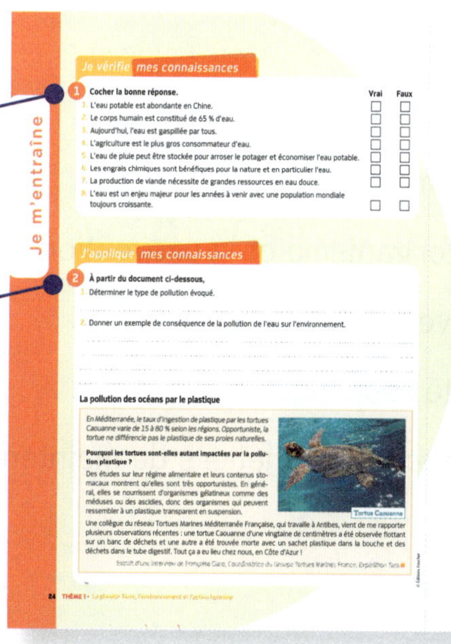

Sommaire

RESSOURCES NUMÉRIQUES

VIDÉO 2'55"
Notre Planète : qu'est-ce que la biodiversité ?
foucherconnect.fr/23svt31

- **17 vidéos d'ouverture** pour aborder les chapitres

MÉMO AUDIO
foucherconnect.fr/23svt34

- **17 Mémo audio** pour la mémoire auditive

VIDÉO 4'37"
Les relations entre les espèces
foucherconnect.fr/23svt32

- **35 vidéos** complémentaires

QUIZ INTERACTIF
foucherconnect.fr/23svt35

- **17 quiz interactifs** pour tester ses connaissances

SITE INTERNET
Les 17 objectifs du développement durable
foucherconnect.fr/23svt92

- Des **liens** vers des sites Internet pour aller plus loin

Correspondance dans le manuel	Compétences travaillées (Bulletin officiel n° 31 du 30 juillet 2020)	Domaines du socle
	Pratiquer des démarches scientifiques	4, 2, 1
C1.1	– Formuler une question ou un problème scientifique.	
C1.2	– Proposer une ou des hypothèses pour résoudre un problème ou répondre à une question. Concevoir et mettre en œuvre des expériences ou d'autres stratégies de résolution pour tester cette ou ces hypothèses.	
C1.3	– Utiliser des instruments d'observation, de mesures et des techniques de préparation et de collecte.	
C1.4	– Interpréter des résultats et en tirer des conclusions.	
C1.5	– Communiquer sur les démarches, les résultats et les choix, en argumentant.	
C1.6	– Identifier et choisir des notions, des outils et des techniques, ou des modèles simples pour mettre en œuvre une démarche scientifique.	
	Concevoir, créer, réaliser	4
C2.1	– Concevoir et mettre en œuvre un protocole expérimental.	
	Utiliser des outils et mobiliser des méthodes pour apprendre	2
C3.1	– Apprendre à organiser son travail (par ex. pour mettre en œuvre un protocole expérimental).	
C3.2	– Identifier et choisir les outils et les techniques pour garder trace de ses recherches (à l'oral et à l'écrit).	
	Pratiquer des langages	1, 4
C4.1	– Lire et exploiter des données présentées sous différentes formes : tableaux, graphiques, diagrammes, dessins, conclusions de recherches, cartes heuristiques, etc.	
C4.2	– Représenter des données sous différentes formes, passer d'une représentation à une autre et choisir celle qui est adaptée à la situation de travail.	
	Utiliser des outils numériques	2
C5.1	– Conduire une recherche d'informations sur internet pour répondre à une question ou un problème scientifique, en choisissant des mots-clés pertinents et en évaluant la fiabilité des sources et la validité des résultats.	
C5.2	– Utiliser des logiciels d'acquisition de données, de simulation et des bases de données.	
	Adopter un comportement éthique et responsable	3, 4, 5
C6.1	– Identifier les impacts (bénéfices et nuisances) des activités humaines sur l'environnement à différentes échelles.	
C6.2	– Fonder ses choix de comportement responsable vis-à-vis de sa santé ou de l'environnement sur des arguments scientifiques.	
C6.3	– Comprendre les responsabilités individuelle et collective en matière de préservation des ressources de la planète (biodiversité, ressources minérales et ressources énergétiques) et de santé.	
C6.4	– Participer à l'élaboration de règles de sécurité et les appliquer au laboratoire et sur le terrain.	
C6.5	– Distinguer ce qui relève d'une croyance ou d'une opinion et ce qui constitue un savoir scientifique.	
	Se situer dans l'espace et dans le temps	5, 4
C7.1	– Situer l'espèce humaine dans l'évolution des espèces.	
C7.2	– Appréhender différentes échelles de temps géologique et biologique (ex. : histoire de la Terre ; apparition de la vie, évolution et extinction des espèces vivantes…).	
C7.3	– Appréhender différentes échelles spatiales d'un même phénomène/d'une même fonction (ex. : nutrition : niveau de l'organisme, niveau des organes et niveau cellulaire).	
C7.4	– Identifier par l'histoire des sciences et des techniques comment se construit un savoir scientifique.	

chapitre 1

Météorologie et climatologie

On entend souvent dire que « la météo se dérègle » ou « qu'il n'y a plus de saisons » ou que « le climat est en train de changer ».

Que sont la météorologie et la climatologie ?
Quelles sont leurs différences ?

- Expliquer pourquoi il fait beau temps ou mauvais temps.
- Décrire les grandes zones climatiques de la Terre.

VIDÉO 2'06"
Ne pas confondre météo et climat !
foucherconnect.fr/23svt01

C7. 3 ACTIVITÉ 1 Quelles sont les différences entre la météorologie et la climatologie ?

1. À l'aide des **documents 1** et **2**, **cocher** les bonnes cases dans le tableau ci-dessous.

	Durée d'étude	Surface de la région	Est sous la dépendance…
Météo	Longue ☐ Courte ☐	Petite ☐ Grande ☐	… des saisons ☐ … de la température moyenne annuelle ☐ … de la pression atmosphérique ☐ … de la pluviométrie annuelle ☐
Climat	Longue ☐ Courte ☐	Petite ☐ Grande ☐	… des saisons ☐ … de la température moyenne annuelle ☐ … de la pression atmosphérique ☐ … de la pluviométrie annuelle ☐

SITE INTERNET
La météo
foucherconnect.fr/23svt02

DICO SCIENCES
* **Pression atmosphérique** : pression exercée par l'air présent autour de nous sur une surface donnée. Son unité est l'hectopascal (hPa) ou le millibar (mbar).

DOC • 1 La météorologie

La **météorologie** est la science du temps qu'il va faire dans une zone précise et à un moment donné. Elle donne des prévisions sur les températures et conditions du vent à venir, sur une courte période. La météo peut changer rapidement d'une journée à une autre, voire le même jour. Elle est différente selon les saisons et dépend beaucoup de la **pression atmosphérique**.

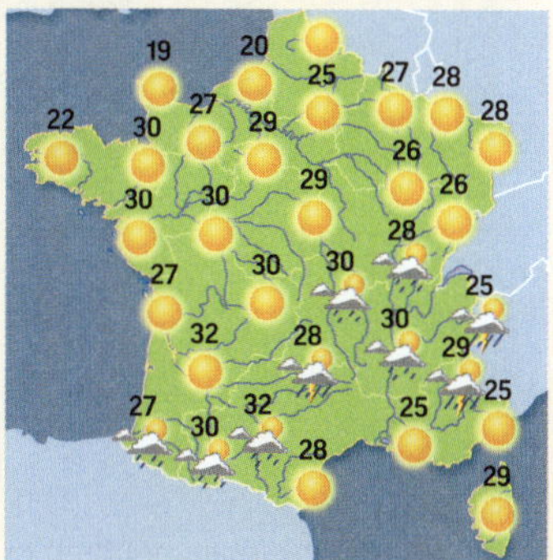

Météo de la France métropolitaine un jour d'été

DOC • 2 La climatologie

La **climatologie** est une science qui étudie l'ensemble des conditions atmosphériques sur une **longue période** (environ 30 ans) et sur une **grande région**. Le climat est la conséquence à long terme de la pluviométrie et des températures. Il ne dépend pas directement des saisons.

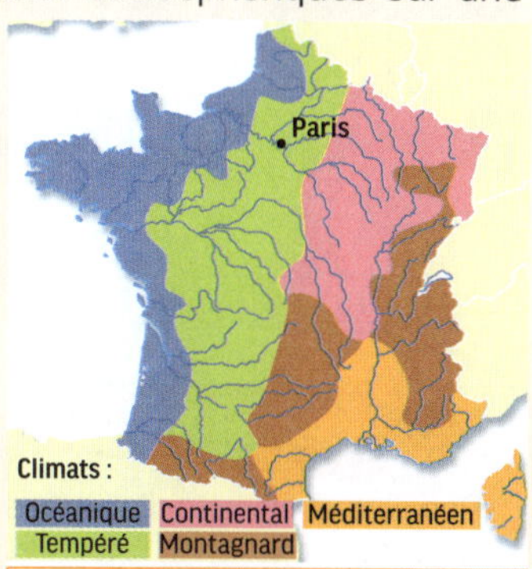

Principaux climats en France métropolitaine

C4.2 **ACTIVITÉ 2**

Comment la pression atmosphérique varie-t-elle ?

2. À l'aide des **documents 3** et **4**,

2. 1 **Remplir** les deux tableaux ci-dessous.

Altitude	Niveau de la mer	Puy-de-Dôme (1 465 m)	Mont-Blanc (4 807 m)	Vols longs courriers (10 000 m)
Pression atmosphérique (hPa)				

Villes	Reykjavik	Londres	Paris	Madrid
Pression atmosphérique (hPa)				

2. 2 **Compléter** le texte avec les termes suivants : *basse pression* ; *altitude* ; *haute pression* ; *égale*.

La pression atmosphérique diminue fortement lorsqu'on monte en .... Au niveau de la mer, celle-ci est .... en moyenne à 1 013 hPa mais on observe des petites variations. Il existe des zones où la pression est légèrement inférieure, ce sont des zones de ...., appelées également **dépressions.** Il existe d'autres zones où la pression est légèrement supérieure, ce sont des zones de ...., appelées également **anticyclones.**

2. 3 **Hachurer** sur le **document 4** les zones de haute pression en rouge et les zones de basse pression en vert.

DOC • 3 **La pression atmosphérique en fonction de l'altitude**

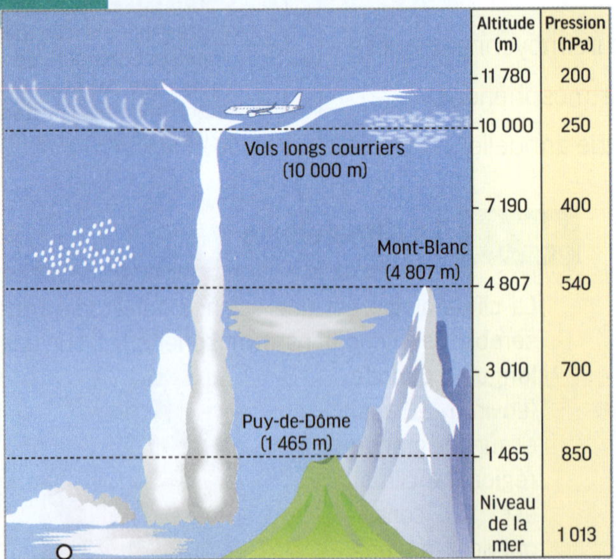

DOC • 4 **La pression atmosphérique au niveau de la mer**

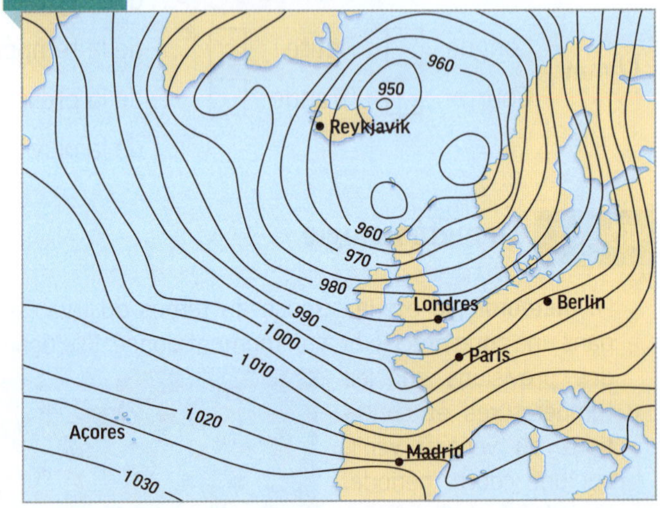

J'EXPÉRIMENTE

* Remplissez un verre d'eau à ras bord et placez par-dessus une feuille de papier.
* Au-dessus d'un évier, retournez le verre en plaquant la feuille de papier avec votre main pendant quelques secondes.
* Retirez votre main. Qu'observez-vous ?
* Explication : la feuille de papier reste collée au verre grâce à la force exercée par la pression atmosphérique.

ACTIVITÉ 3 Comment les vents se forment-ils ?

3. Sur la carte du **document 5**, **entourer** l'anticyclone (pression atmosphérique > 1 025 hPa) en rouge et les dépressions (pression atmosphérique < 1 000 hPa) en vert.
Puis **signaler** par des flèches noires les mouvements des vents.

DOC • 5 L'origine des vents

Les vents sont des déplacements d'air qui s'effectuent depuis les zones de haute pression (les anticyclones) vers les zones de basse pression atmosphérique (les dépressions).

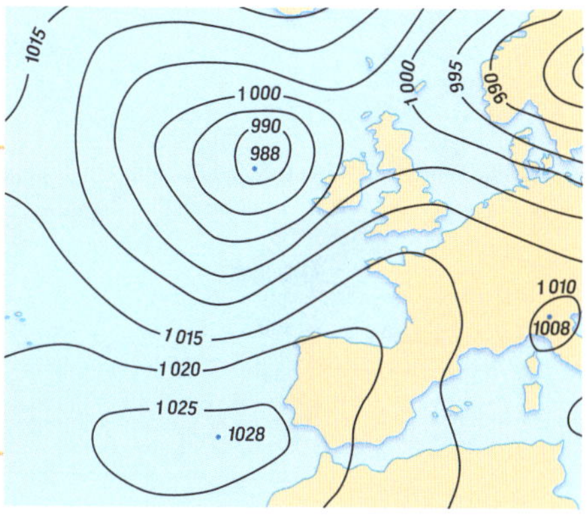

ACTIVITÉ 4 Pourquoi fait-il beau temps ou mauvais temps ?

4. Sur l'image satellite du **document 6**, **entourer** la zone anticyclonique en rouge et la zone de dépression en vert.

5. À l'aide du **document 6**,

5. 1 **Expliquer** pourquoi le temps est généralement ensoleillé en France l'été, puis comment peut s'établir une vague de canicule.

....

....

5. 2 **Expliquer** comment s'établit le mauvais temps.

....

....

DOC • 6 Origine du beau et du mauvais temps

Dans les **zones anticycloniques**, le temps est en général **ensoleillé** et sec, car ce sont des zones à partir desquelles partent les vents qui **chassent les nuages**. C'est ce qu'il se passe d'habitude l'été en France. Toutefois, si ces conditions persistent plusieurs jours, elles peuvent provoquer une vague de chaleur appelée **canicule**.

Les **zones de dépression** sont en général **chargées de nuages**, surtout si les vents qui y convergent sont riches en humidité. Elles sont donc associées à **de la pluie ou de la neige**.

Image satellite de l'Europe

ACTIVITÉ 5 Quels sont les principaux climats de la Terre ?

6. À l'aide du **document 7**, **compléter** la légende de la carte ci-dessous.

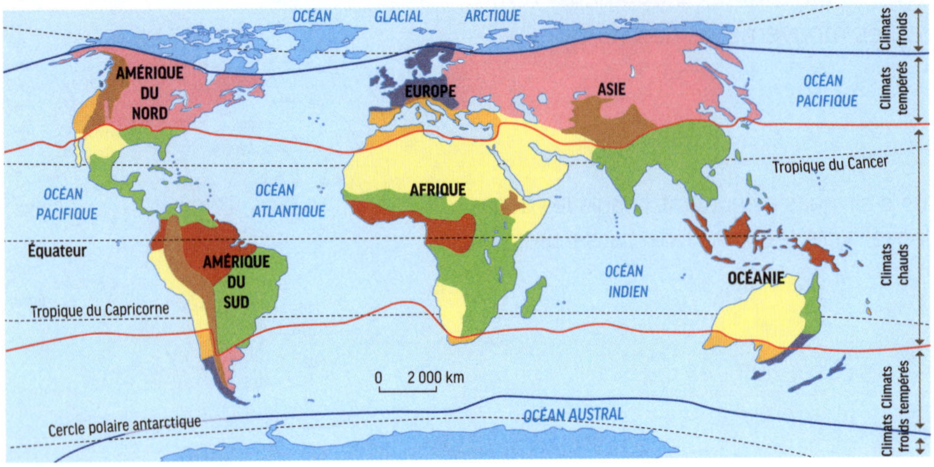

Climats

- ……………………………
- ……………………………
- ……………………………
- ……………………………
- ……………………………
- ……………………………
- ……………………………
- ……………………………

DOC • 7 Les principaux climats de la Terre

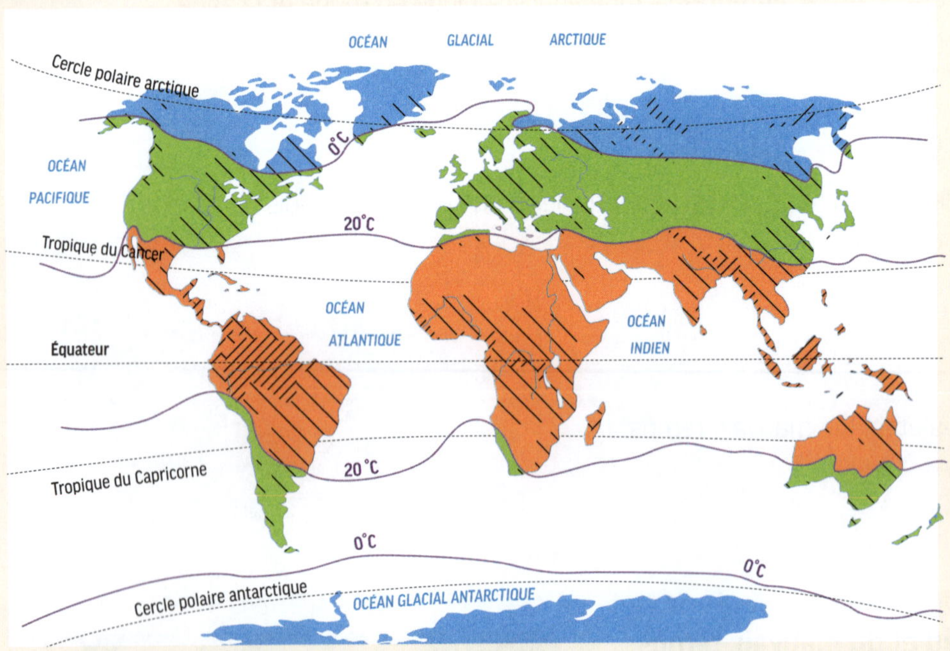

Températures

- Zone froide ou polaire
- Zone tempérée
- Zone chaude ou intertropicale
- Température moyenne annuelle

Précipitations moyennes annuelles (en mm)

- Moins de 500
- 500-2000
- Plus de 2000

On définit huit grands types de climat sur Terre :

- le climat **désertique** : climat aride où les précipitations sont très faibles tout le long de l'année. Les températures sont souvent très chaudes en journée ;
- le climat **continental** : climat tempéré que l'on retrouve loin des côtes océaniques. Les étés sont en général chauds et les hivers très froids. La pluviométrie se situe en moyenne entre 500 et 1 000 mm de précipitations par an ;
- le climat **équatorial** : une seule saison dans l'année avec de fortes chaleurs et des précipitations élevées ;
- le climat **montagnard** : on le retrouve dans les régions de haute montagne. Les hivers sont froids, avec des précipitations de neige, et les étés restent frais ;
- le climat **océanique** : climat tempéré avec des hivers doux, les températures descendant rarement en dessous de zéro, et des étés pas trop chauds. La pluviométrie est moyenne tout au long de l'année avec un pic en automne ;
- le climat **méditerranéen** : climat caractérisé par des étés chauds et secs, et des hivers doux et humides ;
- le climat **polaire** : on y retrouve des températures glaciales tout le long de l'année. Il n'y a pas ou très peu de végétation ;
- le climat **tropical** : climat où les températures sont hautes tout au long de l'année. Il existe une saison sèche et une saison humide. La présence de mousson est caractéristique de ce type de climat.

BiLAN

Je retiens

• La **météorologie** permet de prévoir le temps, la température et le vent qu'il va faire dans les jours à venir sur un petit territoire. Elle est principalement influencée par la **pression atmosphérique** s'établissant sur ce territoire. Les différences de pression permettent de définir deux types de zones :
– les **anticyclones**, où la pression est **supérieure** à 1 013 hPa ;
– les **dépressions**, où la pression est **inférieure** à 1 013 hPa.

• Les **vents** se déplacent depuis les zones de haute pression atmosphérique, les anticyclones, vers les zones de basse pression atmosphérique, les dépressions. Les anticyclones sont donc des zones dans lesquelles le temps est généralement sec et ensoleillé, alors que, dans les dépressions, le temps est plutôt humide et nuageux.

• La **climatologie** est l'étude des conditions atmosphériques s'établissant pendant longtemps sur un large territoire. Il existe sur Terre huit grands types de climat qui sont la conséquence de **températures** et de **précipitations** différentes selon les territoires.

J'apprends par le schéma

La différence entre la météo et le climat

Météo : « le temps qu'il fait »

Climat : valeurs moyennes sur une longue période

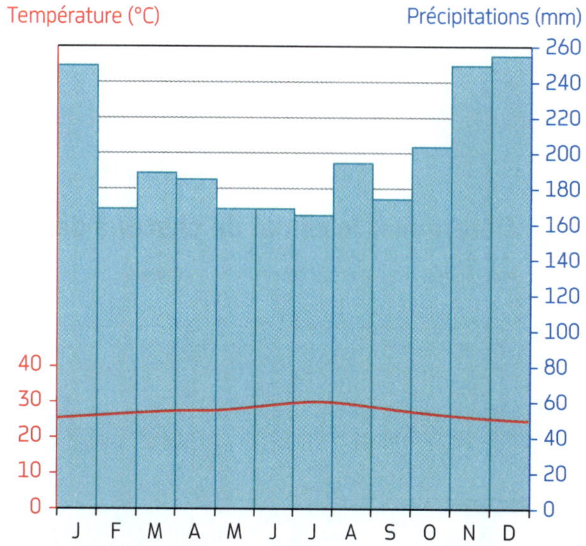

MÉMO AUDIO
foucherconnect.fr/23svt03

QUIZ INTERACTIF
foucherconnect.fr/23svt04

Je m'entraîne

Je vérifie mes connaissances

1 Cocher la bonne réponse.

	Vrai	Faux
1. La pression atmosphérique au niveau de la mer est constante.	☐	☐
2. Une dépression est une zone à haute pression atmosphérique.	☐	☐
3. Un anticyclone est une zone à haute pression atmosphérique.	☐	☐
4. Les vents se déplacent depuis une dépression vers un anticyclone.	☐	☐
5. Une dépression est une zone dans laquelle le temps peut être pluvieux.	☐	☐
6. Une canicule est une forte chaleur qui dure plusieurs jours.	☐	☐
7. Un climat dans une région peut changer du jour au lendemain.	☐	☐
8. Le climat méditerranéen est un climat froid et sec.	☐	☐

J'applique mes connaissances

2 Signaler par des flèches les directions des vents sur les cartes suivantes.

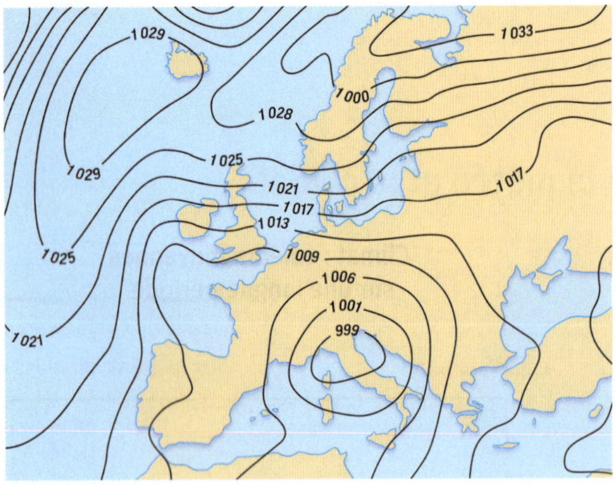

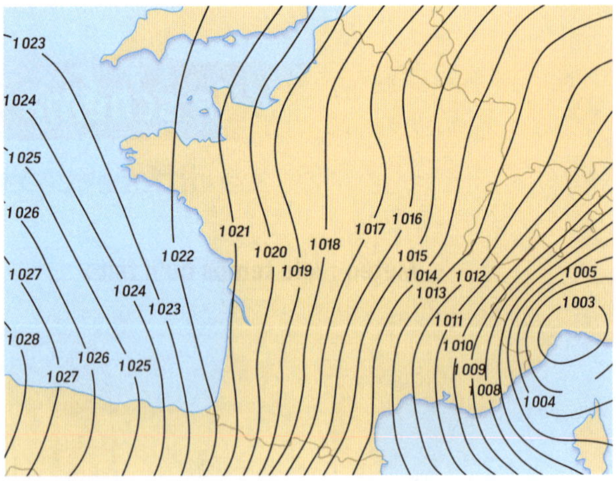

3 Déterminer le climat de chacune des villes ci-dessous.

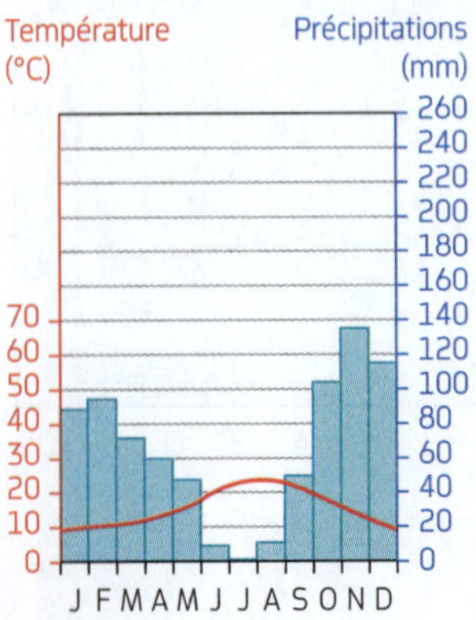

Alger : ....

....

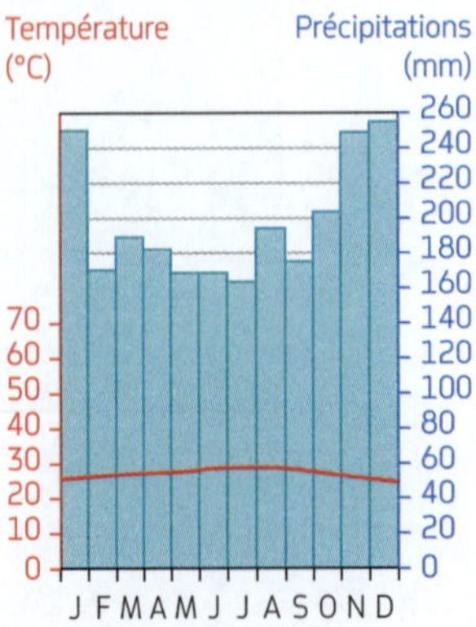

Singapour : ....

....

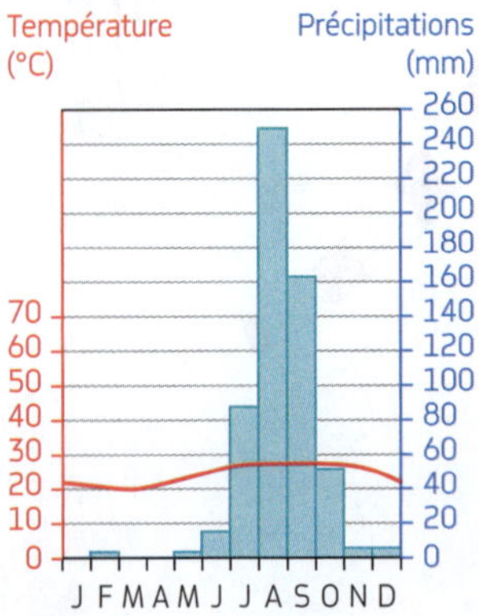

Dakar : ....

....

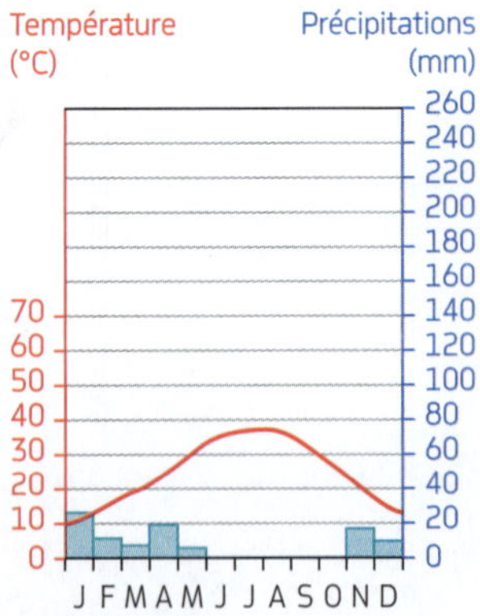

Koweit City : ....

....

chapitre 2

Le changement climatique

Depuis plus d'un siècle, on enregistre des températures qui ne cessent d'augmenter. Cela va probablement provoquer un changement climatique au niveau planétaire.

Quelle en est la cause ?
Quelles en sont ses conséquences ?

- Comprendre l'effet de serre à l'échelle de la planète.
- Comprendre les conséquences du réchauffement climatique.

VIDÉO 4'06''
4 minutes pour tout comprendre sur le changement climatique
foucherconnect.fr/23svt05

C4. 1 ACTIVITÉ 1 Quelle est l'ampleur de la hausse des températures ?

1. À l'aide du **document 1**,

1. 1 **Donner** l'évolution de la température de l'hémisphère nord depuis 1880.

....

....

1. 2 **Calculer** la hausse de la température de l'hémisphère nord entre 1880 et 2012.

....

....

DOC • 1 Évolution de la température de l'hémisphère nord

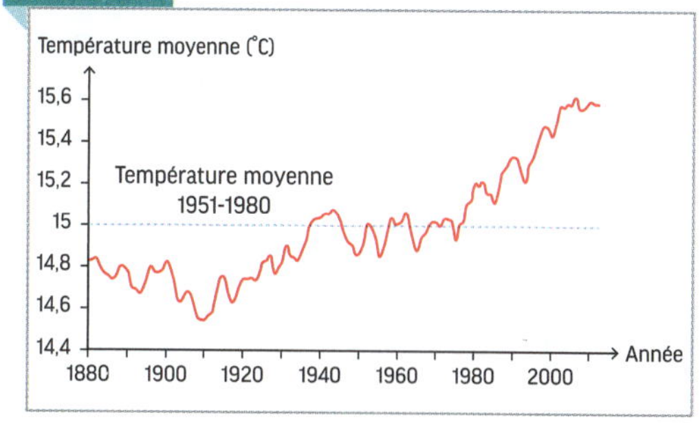

C1. 6 ACTIVITÉ 2 Qu'est-ce qu'une serre ?

2. À l'aide du **document 2**,

2. 1 **Donner** les avantages de l'utilisation d'une serre.

....

....

....

2. 2 **Citer** deux exemples de l'utilisation d'une serre.

....

....

DOC • 2 Le fonctionnement d'une serre

Une **serre** est une structure construite en **matériau transparent** (verre, matière plastique) qui permet de laisser passer les rayons du soleil tout en **gardant la chaleur** à l'intérieur. Elle est utilisée en agriculture pour cultiver des plantes (légumes, fleurs) lorsque les **températures baissent** lors des saisons froides. On s'en sert aussi dans les jardins botaniques pour conserver des plantes tropicales en hiver.

Serre agricole

C4. 2 ACTIVITÉ 3

Qu'est-ce que l'effet de serre à l'échelle planétaire ?

VIDÉO 5'13"
Le changement climatique expliqué par Jamy
foucherconnect.fr/23svt06

3. À l'aide du **document 3** et de la **vidéo**,

3. 1 **Remplir** le tableau suivant avec les pourcentages d'énergie transférée.

Rayonnement solaire		Énergie émise par la Terre	
Énergie réfléchie par l'atmosphère :	Énergie atteignant la surface du globe :	Énergie piégée par les gaz à effet de serre :	Énergie libérée dans l'espace : ....

3. 2 **Expliquer** ce qu'est l'effet de serre à l'échelle de la planète.

....

....

DOC • 3 L'effet de serre

L'**atmosphère** de la Terre fonctionne comme les parois en verre d'une serre agricole : elle permet de **retenir la chaleur**. En effet, la Terre est soumise continuellement au **rayonnement solaire**, ce qui permet son **réchauffement**. Une partie de **cette chaleur est émise** en direction de l'espace sous forme d'infrarouges, dont la majorité est **piégée dans l'atmosphère** par certains gaz. Ces gaz qui permettent de garder la chaleur à la surface de la Terre sont appelés **gaz à effet de serre**.

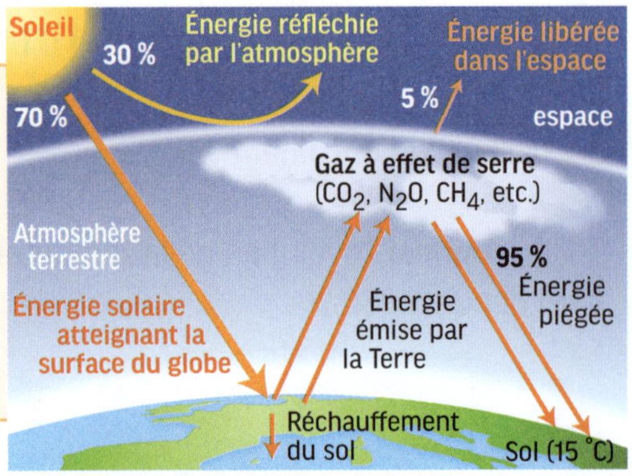

C1. 6 ACTIVITÉ 4

Comment serait la planète sans effet de serre ?

4. À l'aide du **document 4**,

4. 1 **Donner** le rôle naturel de l'effet de serre.

....

4. 2 **Expliquer** le risque d'un déséquilibre dû à une émission accrue de gaz à effet de serre.

....

....

DOC • 4 Le rôle de l'effet de serre naturel

L'effet de serre est un **phénomène naturel**, sans lequel la Terre ressemblerait à une grosse **boule de glace**. La température moyenne de la surface du globe serait alors égale à – 18 °C. Certains gaz de l'atmosphère, en piégeant la chaleur, permettent de maintenir une **température moyenne de 15 °C** et rendent ainsi possible **la vie sur Terre**. Actuellement, l'activité humaine produit une grande quantité de gaz à effet de serre qui augmente cet effet, provoquant un réchauffement global de l'atmosphère terrestre et donc un changement climatique.

C4.1 ACTIVITÉ 5 Quels sont les gaz à effet de serre émis par l'activité humaine ?

5. À l'aide du **document 5**, **citer** les différents gaz à effet de serre émis par l'activité humaine, en les classant par ordre décroissant d'importance.

....

6. À l'aide du **document 6**, **décrire** comment a évolué la quantité de ces gaz dans l'atmosphère depuis 2 000 ans.

....

....

7. D'après vos connaissances, **citer** trois exemples de source de gaz à effet de serre.

....

DOC • 5 Proportion des différents gaz émis par l'activité humaine

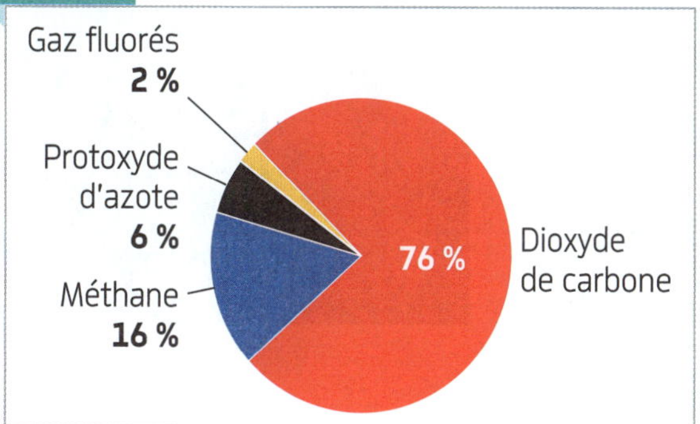

DOC • 6 Concentration des gaz à effet de serre dans l'atmosphère depuis 2 000 ans

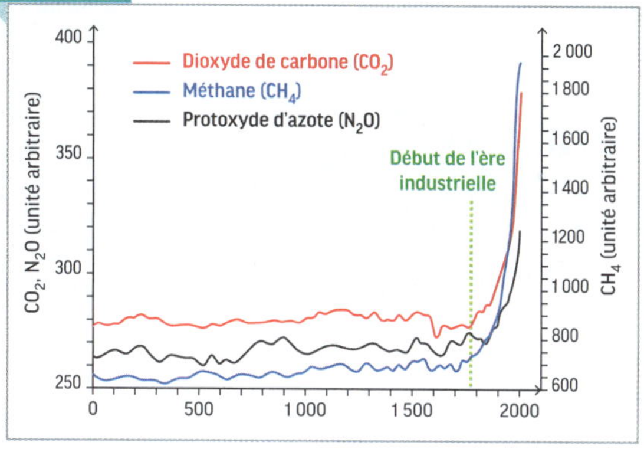

C6.1 ACTIVITÉ 6 Quelles sont les conséquences du réchauffement climatique ?

8. Sur le **document 7**, **entourer** la calotte glacière en 1979 et en 2007.

9. D'après le **document 7**, **décrire** la différence entre ces deux années et en expliquer la cause.

....

....

DOC • 7 Photos satellites du pôle Nord en 1979 et en 2007

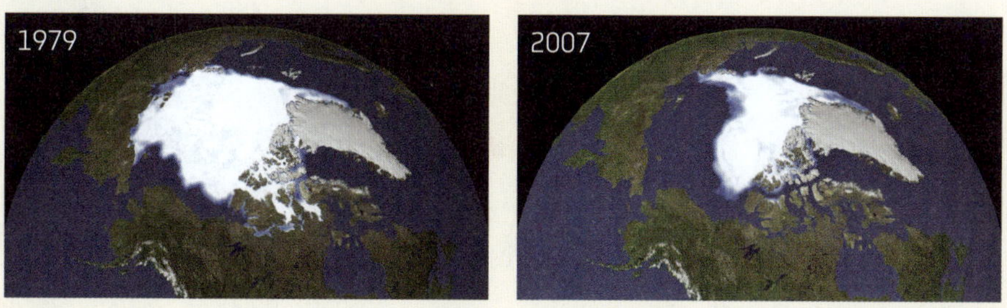

VIDÉO 2'11''
Arctique : 35 ans de fonte de la banquise vue par la Nasa
foucherconnect.fr/23svt07

10. À l'aide du **document 8**, **déterminer** depuis quelle période on observe une élévation du niveau de la mer. Donner une explication à cette élévation.

....

....

....

....

....

SITE INTERNET
Carte interactive élévation du niveau de la mer
foucherconnect.fr/23svt08

DOC • 8 Élévation du niveau de la mer de 1700 à 2010

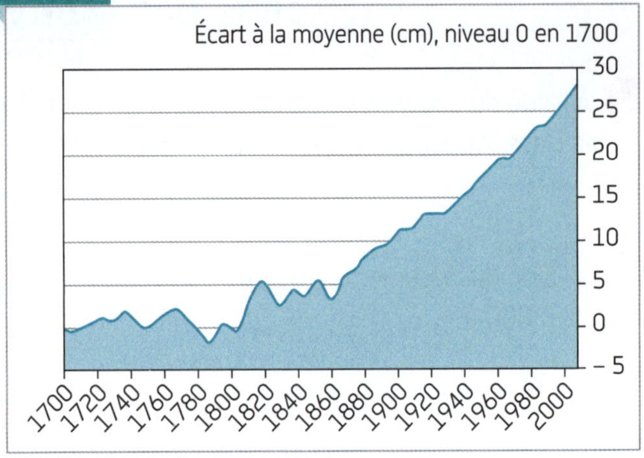

Source chiffres : Jevrejeva, puis Church

DOC • 9 Simulation de l'élévation du niveau de la mer dans la baie de Venise

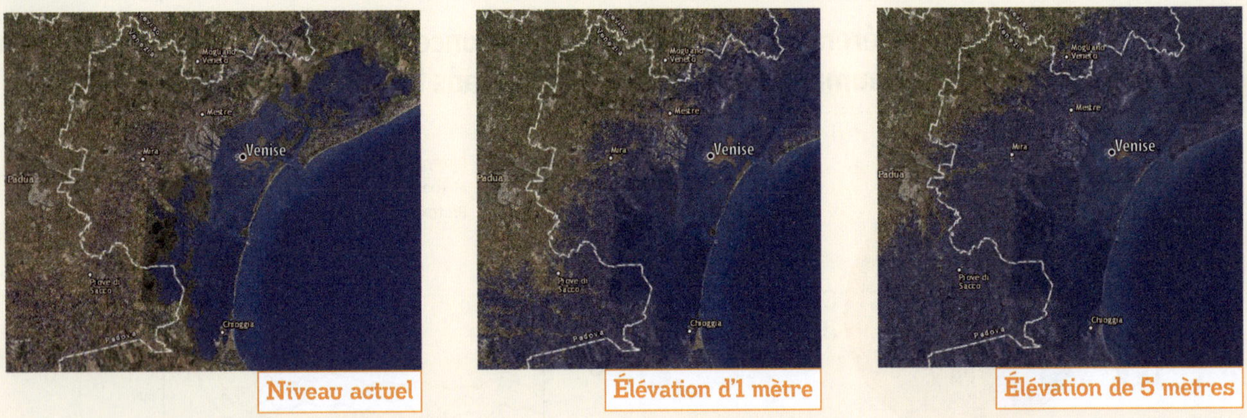

11. À l'aide du **document 9**, **expliquer** quelles peuvent être les conséquences d'une élévation du niveau des mers.

....

....

....

12. À l'aide du **document 10**, **expliquer** quelles conséquences peut avoir le réchauffement planétaire sur les climats français.

....

....

....

....

....

....

....

....

DOC • 10 Variation de la température et de la pluviométrie de 1900 à 2010

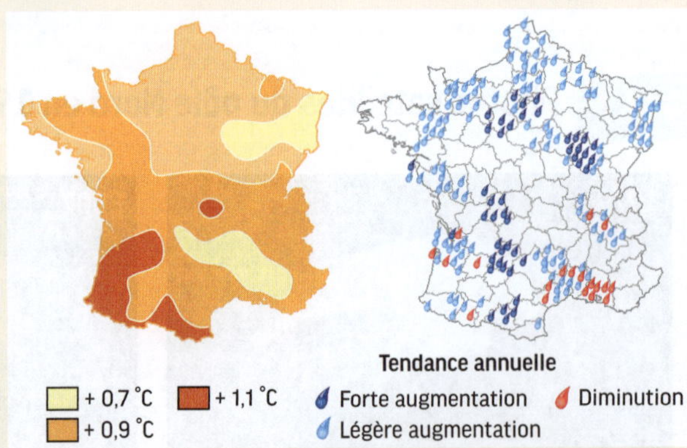

Source données : Météo France

BILAN

Je retiens

- La **température** de l'atmosphère terrestre **augmente** régulièrement. Cette augmentation est principalement due à l'**activité humaine** par l'émission de **gaz à effet de serre**. Ces gaz absorbent les infrarouges émis par la Terre et **gardent ainsi la chaleur**.
- Le réchauffement terrestre provoque un **changement des climats** sur l'ensemble du globe. En France, on enregistre des températures estivales de plus en plus chaudes et des températures hivernales de moins en moins froides. Cette augmentation des températures pourrait bouleverser nos climats à long terme. Elle pourrait par exemple se traduire par une baisse des précipitations dans certaines régions et provoquer une **désertification**, ou par une hausse des précipitations dans d'autres régions et provoquer des **inondations**.
- De plus, le réchauffement climatique provoque la **fonte de la banquise et des glaciers**, et entraîne une **augmentation du niveau des mers**. Une partie du littoral pourrait ainsi être immergée, provoquant un déplacement important des populations.

J'apprends par le schéma

L'effet de serre et sa conséquence

MÉMO AUDIO
foucherconnect.fr/23svt09

QUIZ INTERACTIF
foucherconnect.fr/23svt10

Je m'entraîne

Je vérifie mes connaissances

1 Remettre dans l'ordre les étapes suivantes, en les numérotant de 1 à 5.

a. La chaleur est piégée et ne s'échappe pas vers l'espace. L'atmosphère terrestre se réchauffe. ☐

b. Une partie du littoral est immergée par la mer. Cela provoque un déplacement des populations. ☐

c. Le CO_2 atmosphérique absorbe les infrarouges émis par la Terre. ☐

d. La banquise et les glaciers fondent. Le niveau des mers augmente. ☐

e. L'activité humaine (industrie, transport, chauffage) émet beaucoup de CO_2 dans l'atmosphère. ☐

J'applique mes connaissances

2 À l'aide du document ci-dessous, lister les conséquences du réchauffement climatique.

....

....

....

....

Les principales conséquences du réchauffement climatique

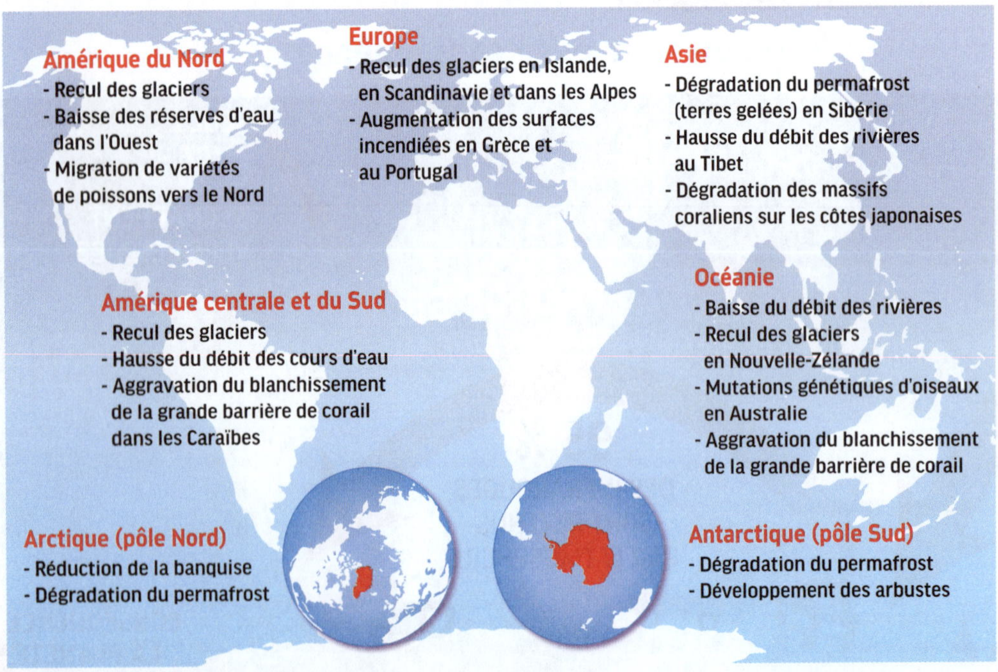

Source : GIEC

3 Relier chaque cause à sa conséquence.

Période de sécheresse •	• Inondations
Élévation de la température des mers •	• Baisse du débit des rivières
Baisse de la pluviométrie •	• Dégradation des barrières de corail
Augmentation de la pluviométrie •	• Période de canicule
Fonte des glaciers et de la banquise •	• Augmentation des incendies
Augmentation de la température atmosphérique •	• Élévation du niveau des mers

chapitre 3

L'eau, ressource vitale à préserver

Précieuse, l'eau est essentielle à la vie. Parfois rare, toujours fragile, cette ressource doit être préservée et utilisée de façon responsable.

Pourquoi l'eau est-elle une ressource à préserver ?
Comment pouvons-nous préserver la qualité et la quantité d'eau ?

- Comprendre pourquoi l'eau est une ressource vitale et comment la préserver.
- Connaître l'impact des activités humaines sur l'eau.

VIDÉO 3'49''
L'eau
foucherconnect.fr/23svt11

C4.1 ACTIVITÉ 1 En quoi l'eau est-elle une ressource vitale pour les êtres vivants ?

1. À partir des **documents 1** et **2**, **expliquer** pourquoi l'eau est une ressource vitale.

....

....

....

....

DOC • 1 Teneur en eau des êtres vivants

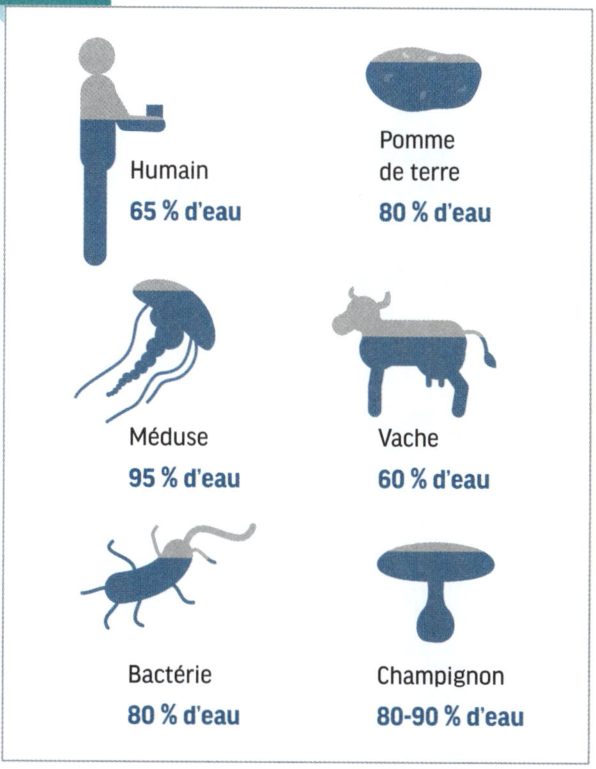

DOC • 2 La mare, grouillante de vie

C1. 2 ACTIVITÉ 2

Qui a accès à l'eau sur la planète ?

2. À partir du **document 3**, **donner** la proportion d'eau douce disponible par rapport au volume total d'eau sur Terre : ....

DOC • 3 Les ressources mondiales en eau

L'eau est présente sur les trois quarts de la superficie de la Terre mais seulement 0,7 % de cette eau est douce et disponible. Or, seule l'eau douce est consommable par l'être humain. Malgré son apparente abondance, l'eau utilisable ne représente qu'environ 245 000 km³.

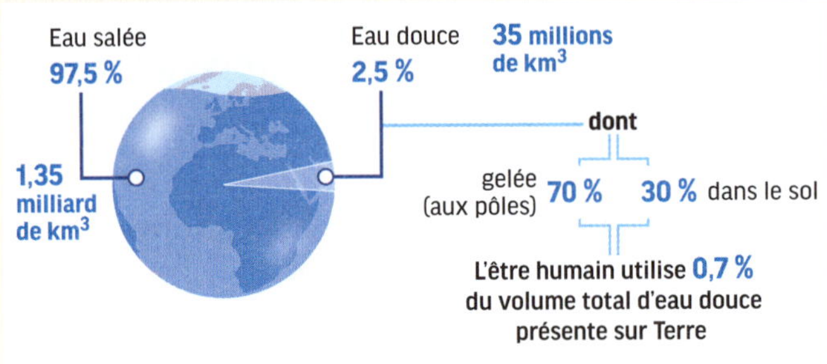

3. À partir du **document 4**,

3. 1 **Relever** les zones du monde où la disponibilité en eau est la plus faible.

....

....

3. 2 **Poser** des hypothèses pour expliquer à quoi est due cette inégale répartition.

....

....

....

DOC • 4 L'inégale répartition de l'eau disponible sur Terre (en m³ par personne et par an)

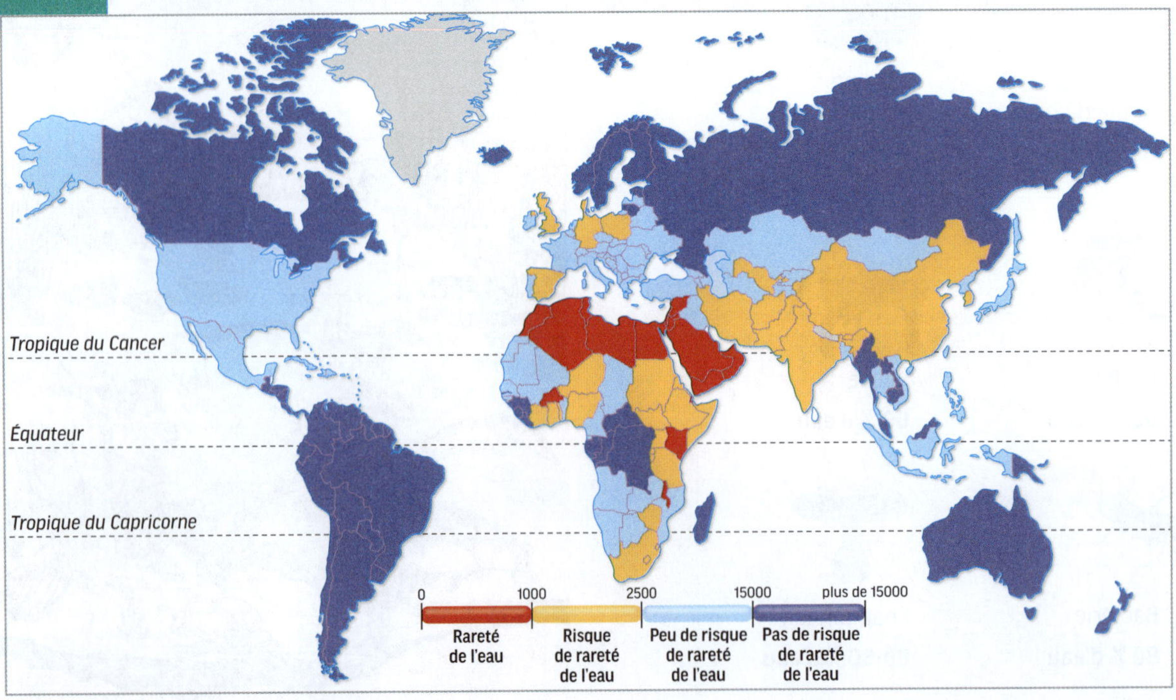

Source données : UNEP

C6.3 **ACTIVITÉ 3**

Quelle est la consommation d'eau au quotidien dans les pays industrialisés ?

4. À partir du **document 5**,

VIDÉO 0'54''
Connaissez-vous votre empreinte eau ?
foucherconnect.fr/23svt12

4. 1 **Identifier** le secteur qui consomme le plus d'eau : ……………………………

4. 2 **Citer** cinq exemples de consommation d'eau à la maison (domestique).

……………………………………………………………………………………………………

4. 3 **Calculer** votre consommation personnelle quotidienne d'eau.

	Consommation	Durée en minutes	Fréquence par jour	Total
Se brosser les dents (en laissant le robinet ouvert)	12 litres/min	…………	…………	…………
Tirer la chasse d'eau	9 litres		…………	…………
Prendre une douche	12 litres/min	…………	…………	…………
Prendre un bain	200 litres		…………	…………
Prendre un verre d'eau	0,25 litre		…………	…………
Faire la vaisselle	12 litres/min	…………	…………	…………
			Total de litres d'eau consommés par jour	…………

4. 4 **Mentionner** au moins cinq idées pour réduire votre consommation d'eau au quotidien et ainsi faire un **geste écocitoyen**.

……………………………………………………………………………………………………

……………………………………………………………………………………………………

……………………………………………………………………………………………………

DICO SCIENCES

* **Geste écocitoyen** : acte écologique responsable que chacun peut faire pour préserver la planète.

DOC • 5 Répartition de la consommation d'eau

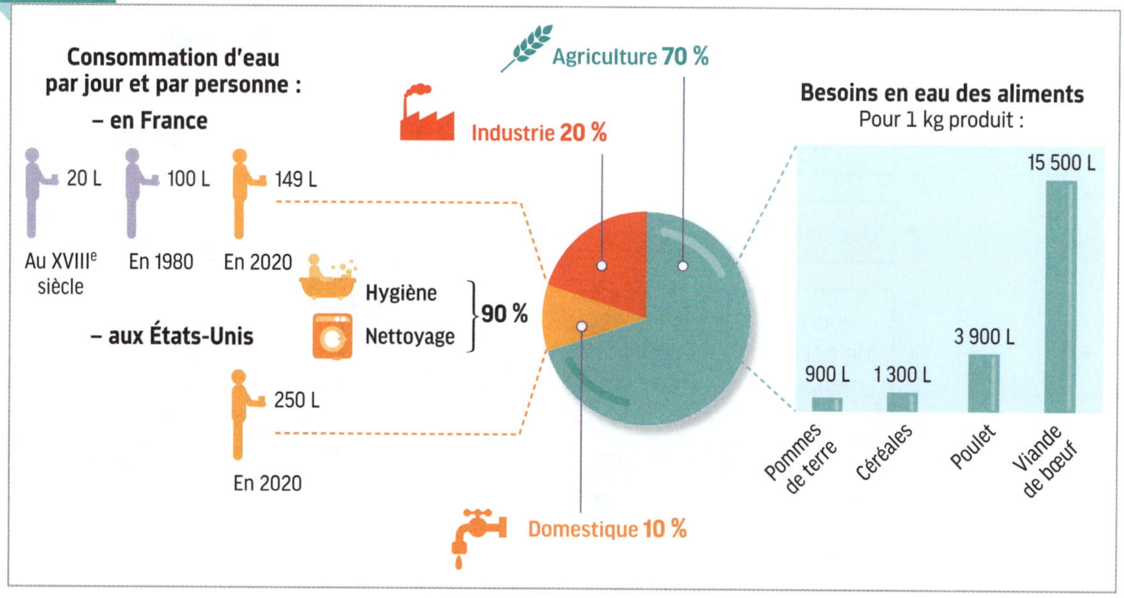

CG. 1 ACTIVITÉ 4 Quelles sont les sources de pollution de l'eau ?

5. À l'aide du **document 6**, **compléter** le texte ci-dessous.

Les usines prélèvent, dans le milieu naturel, beaucoup d'eau, qu'elles polluent avec des substances plus ou moins nocives (ex. : additifs de teinture, chlore) : c'est la pollution ....

Les origines de la pollution .... sont diverses : accident impliquant un véhicule contenant des hydrocarbures (essence) ou fuite de canalisation d'eau souillée, par exemple.

Les pollutions .... sont dues à l'utilisation excessive d'engrais et de pesticides chimiques, qui s'infiltrent dans les eaux souterraines et les contaminent.

Dans les lacs et les rivières, on retrouve des traces de médicaments, de produits d'entretien, de cosmétiques, issus de nos maisons : c'est la pollution ....

Quand on laisse un paquet de chips vide ou un sac plastique s'envoler dans la nature, tôt ou tard, ces éléments se retrouvent dans l'eau : c'est la pollution par ....

DOC • 6 Les différentes sources de pollution de l'eau

Certaines activités humaines ont un impact négatif sur les ressources en eau.

Négligence

Agricole

Domestique

Industrielle

Accidentelle

CG. 2 ACTIVITÉ 5 Comment peut-on préserver l'eau de la pollution ?

6. D'après vos connaissances et le **document 7**, **relier** chaque situation à son lieu d'évacuation pour préserver la qualité de l'eau.

Produits phytosanitaires chimiques (désherbant) •	• WC
Médicaments périmés •	• Déchetterie
Sac plastique •	• Poubelle de déchets ménagers
Lait caillé •	• Pharmacie
	• Mer, océan

DOC • 7 Campagne publicitaire pour la préservation de l'eau

Source : Harmonie Mutuelle et Cyclamed

BILAN

Je retiens

• L'eau est indispensable à tous les êtres vivants.

• L'eau douce accessible et consommable ne représente que 0,7 % de l'eau sur Terre. Cette eau est **inégalement répartie** à la surface du globe. On estime qu'un quart de la population mondiale manque d'eau potable (l'Afrique et l'Asie sont les plus touchées).

• Dans les pays industrialisés, l'eau est utilisée à **90 % par l'agriculture et l'industrie**. La consommation domestique (les 10 % restants) représente environ 149 litres d'eau par personne et par jour en France alors qu'elle n'est que de 20 litres en Afrique.

• **L'eau est une ressource fragile** dont la qualité se dégrade. Elle est polluée par les excès d'engrais et de pesticides agricoles, les rejets industriels, les habitants, etc.

• **L'eau doit être préservée** tant en quantité qu'en qualité. En 2050, nous serons près de 10 milliards sur la planète. Les ressources en eau doivent être économisées dès aujourd'hui. Il faut changer nos habitudes en limitant le gaspillage et en étant responsables de nos actes. Les déchets plastiques doivent être jetés dans une poubelle, les médicaments périmés doivent être rapportés à la pharmacie qui les retraitera, les produits chimiques doivent être apportés à la déchetterie, etc. Ces **gestes éco-citoyens** simples doivent devenir des réflexes pour préserver l'eau.

J'apprends par le schéma

Les bons gestes pour préserver l'eau

MÉMO AUDIO
foucherconnect.fr/23svt13

QUIZ INTERACTIF
foucherconnect.fr/23svt14

Je m'entraîne

Je vérifie mes connaissances

1 Cocher la bonne réponse.

	Vrai	Faux
1. L'eau potable est abondante en Chine.	☐	☐
2. Le corps humain est constitué de 65 % d'eau.	☐	☐
3. Aujourd'hui, l'eau est gaspillée par tous.	☐	☐
4. L'agriculture est le plus gros consommateur d'eau.	☐	☐
5. L'eau de pluie peut être stockée pour arroser le potager et économiser l'eau potable.	☐	☐
6. Les engrais chimiques sont bénéfiques pour la nature et en particulier l'eau.	☐	☐
7. La production de viande nécessite de grandes ressources en eau douce.	☐	☐
8. L'eau est un enjeu majeur pour les années à venir avec une population mondiale toujours croissante.	☐	☐

J'applique mes connaissances

2 À partir du document ci-dessous,

1. Déterminer le type de pollution évoqué.

....

2. Donner un exemple de conséquence de la pollution de l'eau sur l'environnement.

....

....

....

....

La pollution des océans par le plastique

En Méditerranée, le taux d'ingestion de plastique par les tortues Caouanne varie de 15 à 80 % selon les régions. Opportuniste, la tortue ne différencie pas le plastique de ses proies naturelles.

Tortue Caouanne

Pourquoi les tortues sont-elles autant impactées par la pollution plastique ?

Des études sur leur régime alimentaire et leurs contenus stomacaux montrent qu'elles sont très opportunistes. En général, elles se nourrissent d'organismes gélatineux comme des méduses ou des ascidies, donc des organismes qui peuvent ressembler à un plastique transparent en suspension.

Une collègue du réseau Tortues Marines Méditerranée Française, qui travaille à Antibes, vient de me rapporter plusieurs observations récentes : une tortue Caouanne d'une vingtaine de centimètres a été observée flottant sur un banc de déchets et une autre a été trouvée morte avec un sachet plastique dans la bouche et des déchets dans le tube digestif. Tout ça a eu lieu chez nous, en Côte d'Azur !

Extrait d'une interview de Françoise Claro, Coordinatrice du Groupe Tortues Marines France, Expédition Tara

chapitre 4

Énergies fossiles et énergies renouvelables

Dans nos activités quotidiennes, nous consommons de l'énergie. Sa production nécessite l'exploitation de ressources naturelles qui peut nuire aux écosystèmes.

La production d'énergie nuit-elle à l'environnement ?
Peut-on faire d'autres choix pour préserver la planète ?

- Distinguer les énergies fossiles des énergies renouvelables.
- Comprendre les conséquences de l'utilisation des énergies fossiles sur l'environnement.

VIDÉO 3'38''
La transition écologique
foucherconnect.fr/23svt15

CG. 2 ACTIVITÉ 1 Qu'appelle-t-on énergies fossiles et énergies non renouvelables ?

1. D'après le **document 1**, **définir** les énergies non renouvelables.

....

....

....

....

2. Dans le **document 1**, **surligner** les énergies non renouvelables, puis **souligner** les **énergies fossiles**.

DICO SCIENCES

* **Énergie fossile** : énergie produite par la combustion de ressources fossiles (charbon, gaz, pétrole).

DOC • 1 Les énergies non renouvelables

Les **énergies fossiles** sont issues de la transformation de débris organiques. Il en existe trois : le **charbon**, le **pétrole** et le **gaz**.

Le pétrole et le gaz résultent de la transformation d'organismes marins morts (plancton) sous des roches, à des profondeurs de plus de 4 000 m, soumis à de fortes températures et pressions.

Plusieurs millions d'années sont nécessaires à la formation de ces ressources. Elles sont épuisables, donc **non renouvelables**, puisqu'on les exploite plus vite qu'elles ne se forment.

L'**énergie nucléaire**, première source d'électricité en France, n'est pas une énergie fossile mais elle nécessite de l'uranium, ressource minérale **non renouvelable**.

3. D'après le **document 2**, **compléter** la phrase suivante.

Le .... se forme à la suite de dépôts d'.. recouverts de .... et de sédiments. Privés d'O_2, ils ne se .... pas complètement.

DOC • 2 La formation du pétrole

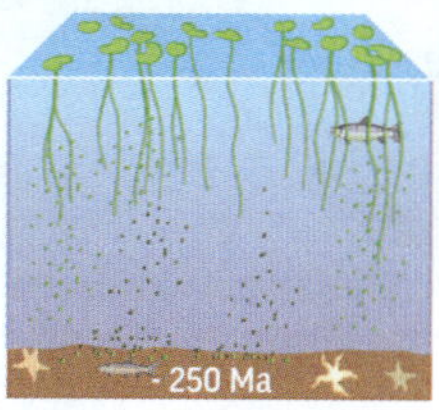

Les micro-organismes marins, le plancton (animaux et végétaux), meurent et coulent au fond de l'océan.

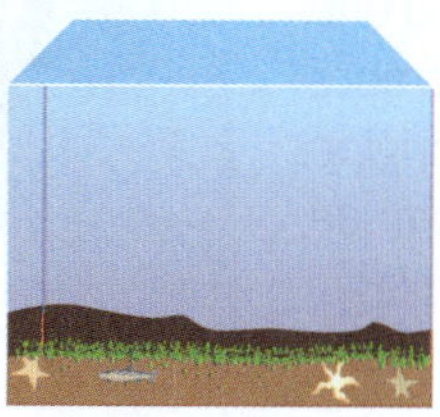

La vase recouvre cette matière organique et l'empêche ainsi de se décomposer.

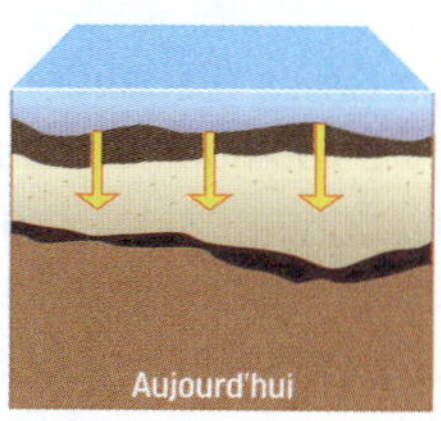

Les sédiments se sont accumulés au fil du temps et ont recouvert la vase. La pression et la température augmentant avec la profondeur, elles ont permis la transformation de la matière organique en pétrole.

CG. 1 **ACTIVITÉ 2**

Quelles sont les conséquences de l'utilisation des énergies fossiles ?

4. À partir des **documents 1** et **3** à **6**, **remplir** le tableau ci-dessous.

Avantages des énergies fossiles	Inconvénients des énergies fossiles
....	....
....	....
....	....
....	....
....	....
....	....

DOC • 3 Les avantages des énergies fossiles

Excellents carburants, le pétrole, le gaz et le charbon brûlent, se transportent et se stockent facilement. C'est pourquoi ce sont les sources d'énergie les plus utilisées dans le monde pour produire de l'électricité dans les centrales thermiques et du carburant pour les transports motorisés (dont l'énergie est fournie à 90 % par le pétrole).

Pétrole, gaz et charbon

DOC • 4 Les dérivés du pétrole

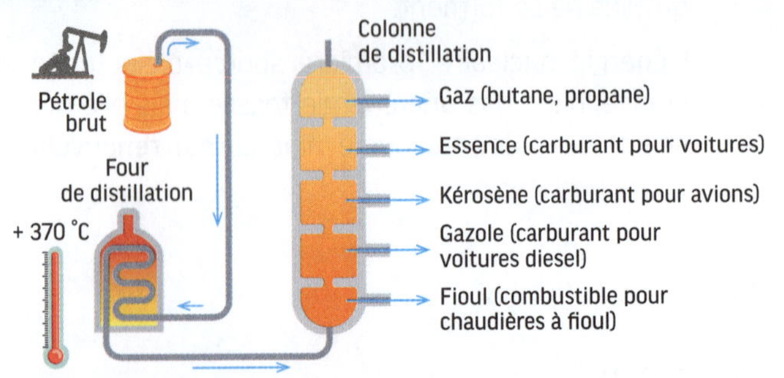

DOC • 5 Les conséquences atmosphériques de la combustion des énergies fossiles

La combustion des carburants d'origine fossile produit de l'énergie mais aussi du dioxyde de carbone (CO_2) et d'autres polluants atmosphériques. Le CO_2 est un gaz à effet de serre qui contribue au réchauffement climatique. Plus la consommation de pétrole augmente, plus l'effet de serre augmente.

DOC • 6 Le transport du pétrole à l'origine de marées noires

Le 13 novembre 2002, le pétrolier « Prestige », victime d'une voie d'eau au large de la Galice (Espagne), se brise et sombre en mer avec 77 000 tonnes de fioul. Ce naufrage est à l'origine d'une catastrophe environnementale majeure : 400 km de côtes souillées, des milliers d'oiseaux mazoutés pris au piège, des échouements de cadavres d'invertébrés marins.

Cormoran mazouté à la suite d'une marée noire

C4.1 **ACTIVITÉ 3**

Quelles sont les alternatives aux énergies non renouvelables ?

5. À partir des **documents 7** et **8**, **calculer** la proportion d'énergie renouvelable dans la production française en 2021. ....

6. Sur le **document 8**, **relier** chaque dispositif de production d'énergie avec son principe.

DOC • 7 Origine de l'énergie électrique produite en France en 2021

La forte proportion d'énergie nucléaire est une particularité française. Le nucléaire n'émet pas de CO_2 mais il génère des déchets radioactifs très dangereux que l'on ne sait toujours pas retraiter.
La production d'électricité est assurée à plus de 92 % par des sources n'émettant pas de gaz à effet de serre.

Source chiffres : RTE

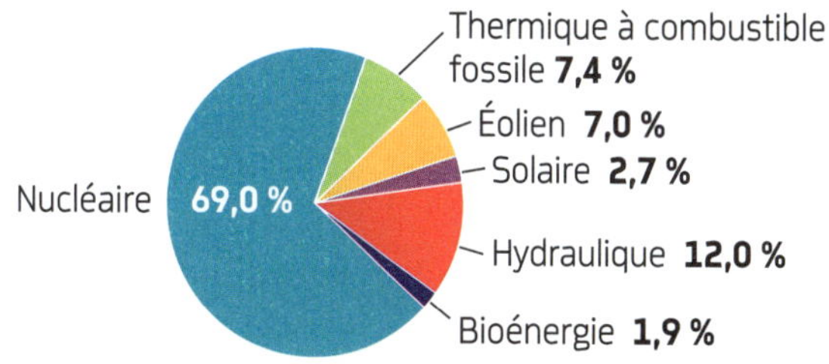

DOC • 8 Principales sources d'énergies renouvelables

Énergie	Source	Ressource	Dispositif	Principe
Soleil 	Lumière	Photosynthèse	Biomasse 	Des turbines sont entraînées par les courants océaniques et produisent de l'électricité.
	Lumière	Convertisseur d'énergie	Photovoltaïque 	Un barrage retient une partie de l'eau qui s'écoule, en actionnant une turbine puis un alternateur qui produit de l'électricité.
	Chaleur	Courants marins, convertisseurs d'énergie	Hydrolienne 	Rotation des pales sous l'effet du vent entraînant un alternateur qui produit de l'électricité.
	Chaleur	Cycle de l'eau, ruissellement, convertisseur d'énergie	Barrage hydraulique 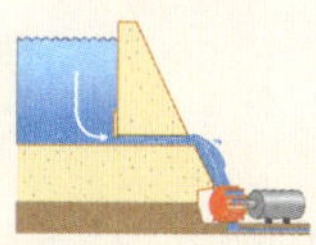	Récupération et conversion en électricité de la chaleur de la Terre par pompage d'eau chaude ou de vapeur.
	Chaleur	Vents, convertisseur d'énergie	Éolienne 	L'énergie lumineuse est captée et convertie en électricité.
Activité interne de la Terre 	Chaleur	Convertisseur d'énergie	Géothermie 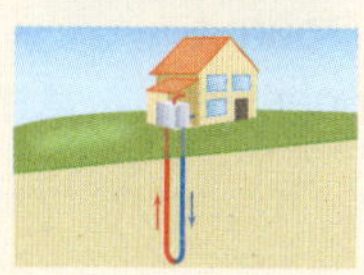	Combustion de la matière organique pour produire du chauffage ou de l'électricité.

C6. 3 ACTIVITÉ 4 Quels choix énergétiques à l'échelle nationale ?

7. À partir du **document 9**,

7. 1 **Donner** l'objectif majeur annoncé par la loi du 17 août 2015.

....

....

7. 2 **Énoncer** les trois axes permettant d'atteindre cet objectif majeur.

....

....

....

....

....

....

DOC • 9 La loi de transition énergétique

L'ambition de cette loi française du 17 août 2015, pour la croissance verte, est de lutter contre le dérèglement climatique selon plusieurs axes.

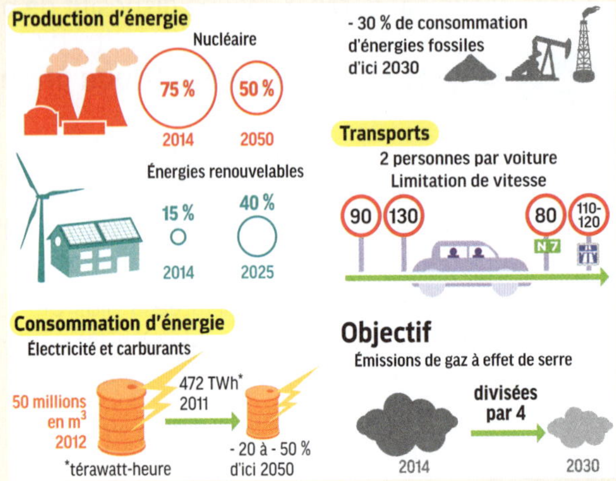

C6. 2 ACTIVITÉ 5 Quels choix énergétiques à l'échelle individuelle ?

8. À partir des **documents 10** et **11**, **compléter** le tableau.

Activités	Émissions moyennes de CO_2	Propositions pour diminuer les émissions de CO_2
Faire le trajet pour aller travailler seul en voiture (essence ou diesel)	190 g/km (en milieu urbain)	....
Partir en vacances à deux en voiture (essence ou diesel)	97 g/km/personne	....
Chauffer sa maison à 21 °C avec une chaudière à fioul	300 g/kWh	....

DOC • 10 Un exemple d'autonomie en énergies renouvelables

L'île de Quéménès, au large du Finistère (Bretagne), d'une superficie de 26 ha, est une ferme insulaire autonome en énergie, habitée par une famille de quatre personnes. L'électricité est fournie par une éolienne de 9 m de haut doublée de 80 panneaux solaires sur deux toitures basses orientées au sud : d'octobre à mars, c'est la première qui fournit l'essentiel du courant, les seconds prennent le relais pendant le printemps et l'été.

Source : Livret du conservatoire du littoral

DOC • 11 Les émissions de CO_2

Tramway : 2 g CO_2/passager/km

Avion : 130 g CO_2/passager/km

Chauffage au poêle à granulés : 40 g CO_2/kWh (production, transport et combustion)

Énergie solaire : 55 g CO_2/kWh

Énergie éolienne : 14 g CO_2/kWh

Voiture électrique : 20 g CO_2/km

TGV : 1,7 g CO_2/passager/km

Production électrique en France : 34 g CO_2/KWh

BiLAN

Je retiens

• Le **charbon**, le **pétrole** et le **gaz** proviennent de la transformation de matières organiques ; ce sont des **énergies fossiles**. Leur formation prend plusieurs millions d'années : ces ressources sont donc **non renouvelables** à l'échelle humaine. La combustion des énergies fossiles dégage du CO_2, principal gaz à effet de serre responsable du réchauffement climatique. Leur utilisation est donc néfaste pour l'environnement.

• Les **énergies renouvelables** sont des alternatives respectueuses de la planète. Elles utilisent les ressources naturelles inépuisables : le soleil, le vent, l'eau, la chaleur du sous-sol. De nouvelles technologies se développent depuis plusieurs années pour produire de l'énergie grâce à des panneaux photovoltaïques utilisant l'intensité lumineuse du soleil, des éoliennes utilisant la force du vent, ou des hydroliennes utilisant la force des courants océaniques. Pour le moment, les rendements sont encore inférieurs à ceux des énergies fossiles mais les implantations se multiplient.

• Le changement de consommation d'énergie passe surtout par les États, et donc par des choix politiques. Peu à peu, la **transition énergétique** se met en place. À l'échelle individuelle, on peut diminuer les émissions de gaz à effet de serre en choisissant de **produire autrement** son énergie et de **consommer moins et mieux**.

J'apprends par le schéma

Vers la transition énergétique

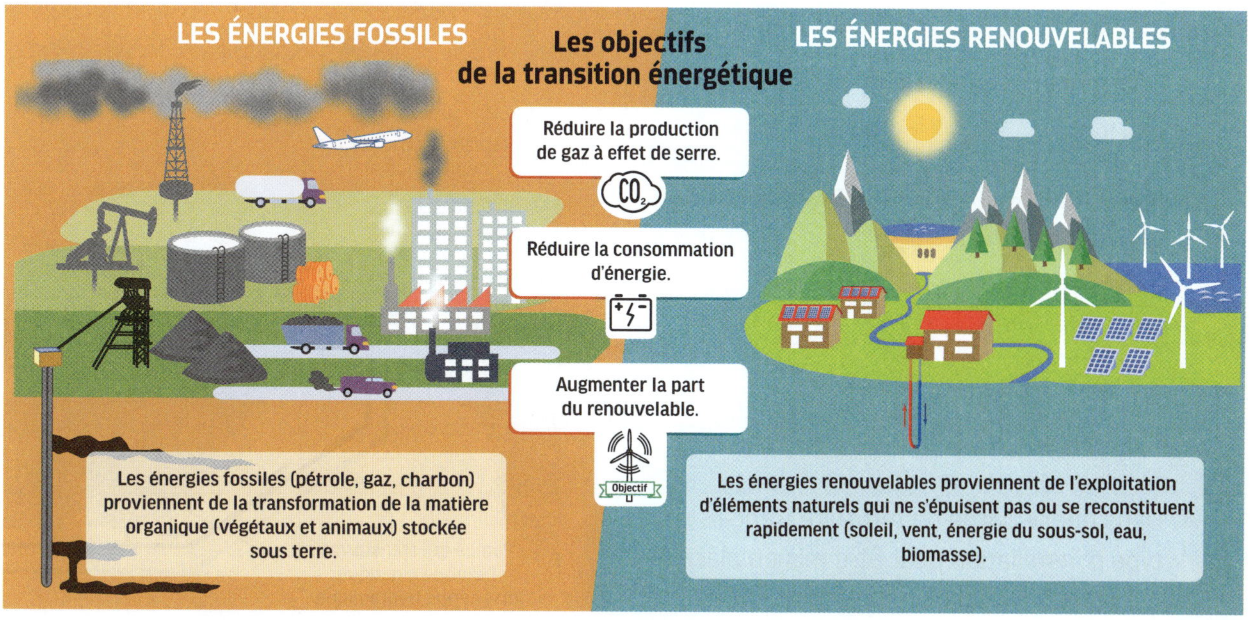

MÉMO AUDIO foucherconnect.fr/23svt17

QUIZ INTERACTIF foucherconnect.fr/23svt18

Je m'entraîne

Je vérifie mes connaissances

1 Sur l'image ci-dessous,

1. Nommer les dispositifs de production d'énergie.
2. Entourer les énergies non renouvelables en rouge et les énergies renouvelables en vert, puis cocher les énergies fossiles.

☐ ....

☐ ....

☐ ....

☐ ....

☐ ....
....

☐ ....

☐ ....

☐ ....

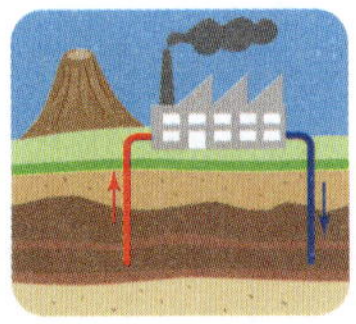

☐ ....

J'applique mes connaissances

2 D'après le document ci-contre et vos connaissances,

1. Déterminer si l'énergie houlomotrice est une énergie renouvelable ou non. ....
2. Déterminer si cette énergie est d'origine fossile. ....
3. Mentionner au moins trois avantages de ce type d'énergie.

....
....
....
....

4. Dans quelle partie du territoire français ce type d'installation peut être mis en place ?

....
....
....
....

Le fonctionnement de l'énergie houlomotrice

L'énergie houlomotrice utilise l'énergie de la houle[1], générée par les vagues, pour produire de l'électricité.

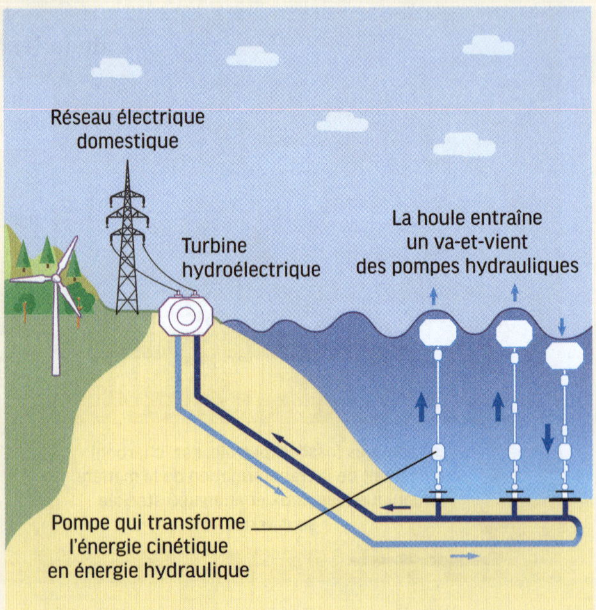

1. Mouvement d'ondulation de surface de la mer.

PARCOURS AVENIR

Les métiers de l'environnement et du développement durable

Présentation du secteur d'activité

Dans le cadre de la préservation de la planète, les entreprises créent de plus en plus de postes orientés vers l'environnement, la qualité et le développement durable. Le secteur de l'eau et des déchets est en plein essor pour lutter contre la pollution et développer le recyclage. Les énergies renouvelables sont en forte croissance et créent de nouveaux métiers.

Quelques métiers

- > Technicien/ne de maintenance en éolienne/photovoltaïque
- > Technicien/ne en énergies renouvelables
- > Agent/e de la qualité des eaux
- > Animateur/trice qualité, sécurité et développement durable
- > Constructeur/trice de canalisations
- > Technicien/ne d'exploitation de l'eau
- > Agent/e de station d'épuration
- > Géothermicien/ne

ZOOM SUR... *un métier*

>> Technicien/ne en énergies renouvelables

VIDÉO 5'18''
Technicien de maintenance éolienne, un métier vertigineux !
foucherconnect.fr/23svt94

VIDÉO 4'20''
Je suis installateur de panneaux solaires, quelle bonne idée !
foucherconnect.fr/23svt93

En quoi consiste ce métier ?

Le technicien en énergies renouvelables met en place, met en service et entretient des installations du type éolien, solaire ou biomasse pour la production d'électricité. En général, il s'agit d'un électricien ou climaticien qui s'est spécialisé dans ce domaine.

Quelles sont les formations possibles ?

- Bac Pro Métiers de l'électricité et de ses environnements connectés avec une mention complémentaire (MC) Technicien en énergies renouvelables. Il existe deux options : **Énergie électrique** et **Énergie thermique**.
- BTS Maintenance des systèmes
- BTS Fluides, énergies, domotique

Est-ce un métier fait pour moi ?

- ❑ J'ai un esprit d'analyse et de logique.
- ❑ J'ai le sens du contact pour travailler avec les clients et en équipe.
- ❑ Je respecte les règles de sécurité et les normes.
- ❑ J'ai une bonne condition physique.

Quel salaire ?

- 1500-1900 € bruts/mois

ZOOM SUR... *un métier*

>> Agent/e de la qualité de l'eau

En quoi consiste ce métier ?

L'agent de la qualité des eaux travaille dans un centre de collecte, de distribution d'eau potable ou d'assainissement des eaux usées. Il gère les installations et veille ainsi à la qualité des eaux, selon la règlementation en vigueur. Il participe au réglage et à la maintenance des appareillages.

Quelles sont les formations possibles ?

- CAP Agent de la qualité de l'eau
- BEP Conduite de procédés industriels et transformation
- Bac pro Procédés de la chimie, de l'eau et des papiers-cartons

Est-ce un métier fait pour moi ?

❑ Je sais aussi bien travailler en laboratoire que sur un site de prélèvement.
❑ Je suis précis/e et rigoureux/se.
❑ Je sais suivre un protocole.
❑ Cela ne me dérange pas de travailler certains week-ends (astreintes).

Quel salaire ?

- 1500-1900 € bruts/mois

Info +

SITE INTERNET
Technicien/ne en énergies renouvelables
foucherconnect.fr/23svt19

SITE INTERNET
Agent/e et technicien/ne de station d'épuration
foucherconnect.fr/23svt20

VIDÉO 1'00"
Technicien/ne d'exploitation en eau potable
foucherconnect.fr/23svt21

La reproduction sexuée

chapitre 5

Les êtres vivants se reproduisent pour perpétuer leur espèce. Les Vertébrés, comme certains végétaux et les champignons, ont un mode de reproduction sexuée.

En quoi consiste-t-elle ?
Quelles sont les caractéristiques nécessaires à ce mode de reproduction ?

- Comprendre la notion de reproduction sexuée.
- Connaître les étapes de la formation d'un nouvel individu : de la fécondation au développement intra-utérin.

VIDÉO 1'02"
La reproduction des anémones
foucherconnect.fr/23svt23

C4.1 ACTIVITÉ 1 Qu'est-ce que la reproduction sexuée ?

1. À partir du **document 1**,

1.1 **Définir**, en une phrase, la reproduction.

....

....

1.2 **Donner** le but de la reproduction.

....

1.3 **Déterminer** les différences entre la reproduction sexuée et la reproduction asexuée.

....

....

....

DOC • 1 Définition de la reproduction sexuée

En biologie, la **reproduction** est l'action dont le résultat aboutit à la production d'un nouveau membre de l'espèce. […]

De manière plus générale, la **reproduction sexuée** fait fusionner deux cellules spéciales, appelées gamètes, qui proviennent de deux individus de sexe différent. Il existe une autre forme de reproduction qui est une **reproduction non sexuée**, on dit **asexuée**. Elle concerne, par exemple, les bactéries. Une bactérie mère se divise en deux pour donner deux cellules filles.

Quelle est la différence entre ces deux reproductions ? Eh bien, les cellules filles et mères issues de la reproduction asexuée se ressemblent beaucoup. Elles sont presque semblables. […]

Avec la reproduction sexuée, les enfants sont très différents des parents, car ils proviennent du mélange génétique du père et de la mère.

https://fr.vikidia.org

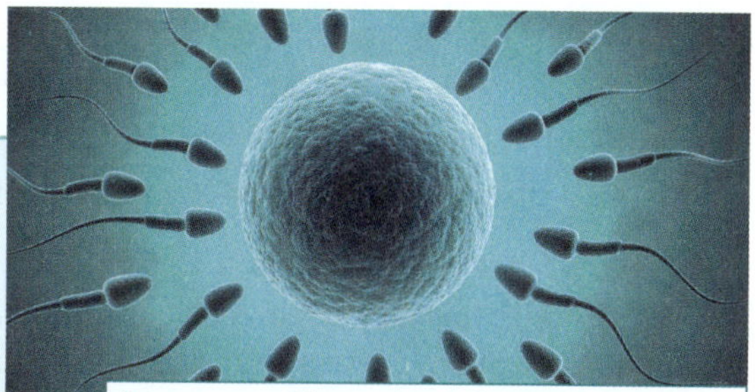

Spermatozoïdes prêts à féconder un ovule

Famille de manchots

C4.2 ACTIVITÉ 2 Où les gamètes sont-ils formés ?

2. À partir de vos connaissances et du **document 2**, **légender** le schéma simplifié de l'ovocyte et du spermatozoïde.

VIDÉO 3'11"
Le fonctionnement du testicule
foucherconnect.fr/23svt24

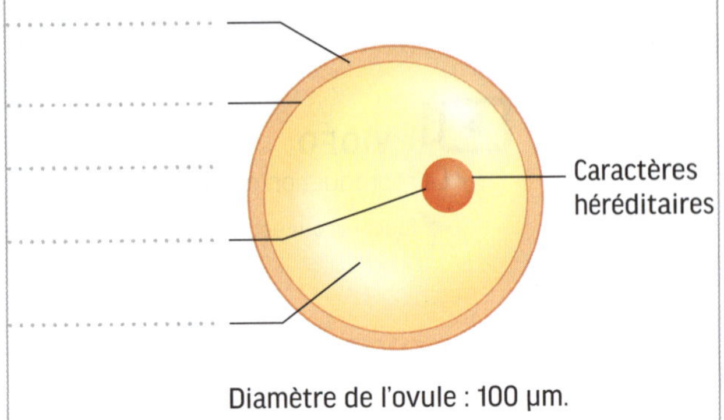

Un ovocyte

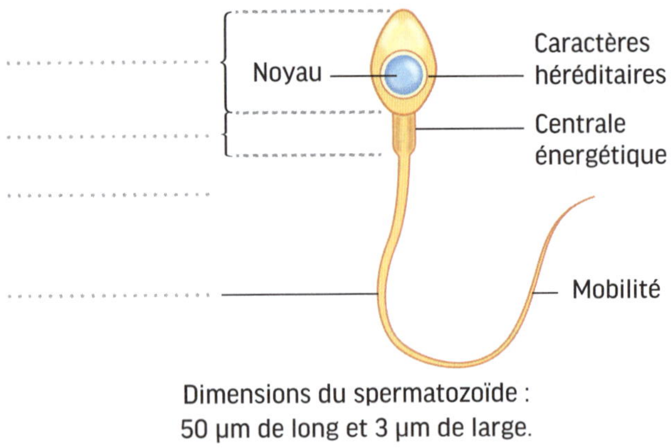

Un spermatozoïde

DOC • 2 Les gamètes

Les **gamètes** sont les cellules reproductrices formées dans les **gonades**, les organes reproducteurs.

Chez la femme, les **gamètes femelles** sont les **ovocytes** (ou **ovules**) formés dans les ovaires, les gonades femelles. L'ovocyte est entouré d'une enveloppe protectrice. Il contient la moitié du patrimoine génétique maternel, soit 23 **chromosomes** contenus dans le noyau.

À chaque cycle sexuel féminin, tous les 28 jours, un ovocyte mature est expulsé d'un ovaire jusqu'aux trompes de Fallope.

Cette étape est appelée l'**ovulation**.

Chez l'homme, les **gamètes mâles** sont les **spermatozoïdes** formés dans les testicules. On dénombre environ 100 millions de spermatozoïdes par mL de sperme.

Leur structure est adaptée au mouvement.

On distingue trois parties :

- la **tête**, qui contient la moitié du matériel génétique paternel, soit 23 chromosomes, et qui pénétrera dans l'ovule ;
- la **pièce intermédiaire**, qui contient des mitochondries, des structures cellulaires capables de produire une grande quantité d'énergie ;
- le **flagelle**, qui permet le déplacement des spermatozoïdes.

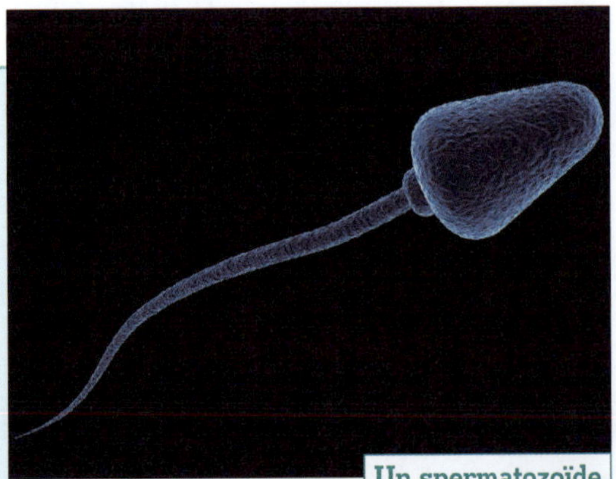

Un spermatozoïde

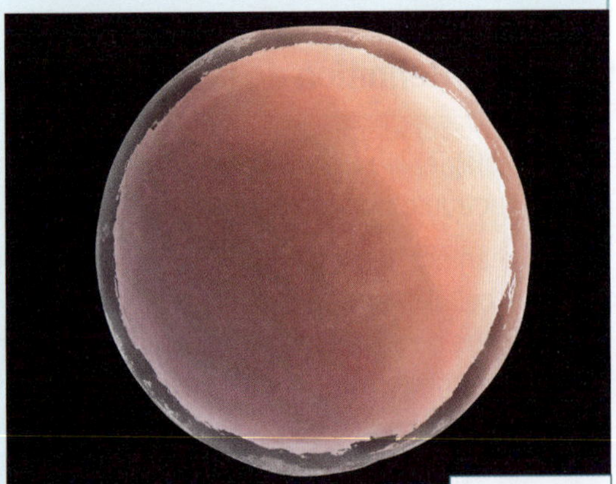

Un ovocyte

DICO SCIENCES

***Chromosomes** : éléments en forme de X contenant l'information génétique de l'individu. Ils sont constitués d'ADN qui porte les gènes, supports des caractères héréditaires.

***Gonades** : organes chargés de produire les cellules reproductrices, les gamètes. Les gonades femelles sont les ovaires et les gonades mâles sont les testicules.

C4.1 C7.3 ACTIVITÉ 3 Où et comment la fécondation se déroule-t-elle ?

3. À partir des **documents 3** et **4**, **compléter** le texte.

Les spermatozoïdes éjaculés sont déposés dans le .... de la femme. Ils commencent leur long trajet en traversant la .... et le .... Ils arrivent alors dans l'utérus, puis progressent dans les .... (aussi appelées trompes de Fallope). Les spermatozoïdes ayant réussi à arriver jusque-là atteignent enfin le gamète femelle, l'.............................

Un seul .... va pénétrer dans l'ovocyte, sans son flagelle. Ce mécanisme s'appelle la .... Une .... est alors formée.

DOC • 3 Schématisation de la fécondation

La fusion du spermatozoïde et de l'ovocyte s'appelle la **fécondation**. Elle aboutit à la formation d'une **cellule-œuf** à l'origine d'un nouvel individu.

La fécondation est caractéristique de la **reproduction sexuée**.

DOC • 4 La fécondation chez la femme

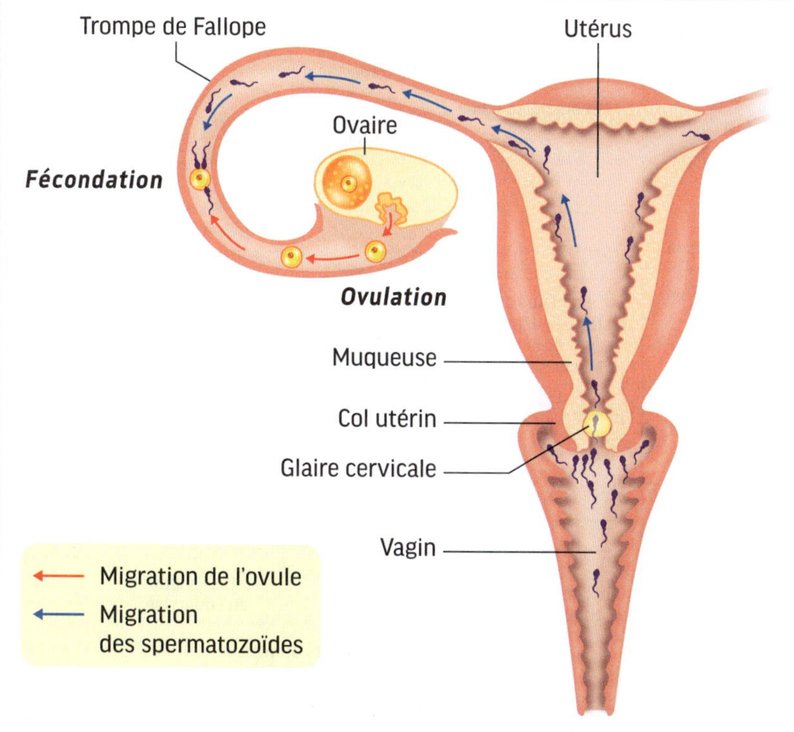

DICO SCIENCES

* **Cellule-œuf** : première cellule d'un nouvel organisme issue de la fécondation, c'est-à-dire de la fusion entre un spermatozoïde et un ovocyte.

C4.1 **ACTIVITÉ 4**

Quelles sont les principales étapes du développement intra-utérin ?

VIDÉO 3'38"
Tout comprendre sur : la grossesse
foucherconnect.fr/23svt25

4. À partir du **document 5**,

4.1 **Préciser** le lieu de la gestation. ....

4.2 **Nommer** les deux périodes principales de la grossesse et **donner** leur durée respective.

– ....

– ....

4.3 **Définir** la nidation.

....

DOC • 5 De la cellule-œuf au fœtus

La **cellule-œuf** est la première cellule d'un nouvel être vivant. Celle-ci va se diviser un très grand nombre de fois pour obtenir plusieurs milliards de cellules. Chacune se spécialise pour avoir un rôle précis dans le fonctionnement des organes.

Dans l'espèce humaine, entre la fécondation et la naissance, 39 semaines sont nécessaires au développement du nouvel être vivant. Cela représente environ 9 mois de grossesse.

On distingue deux périodes pendant la gestation :

- **La période embryonnaire** : entre la fécondation et la 8e semaine de gestation.

Pendant cette période, les principaux organes se mettent en place.

Au 7e jour après la fécondation a lieu la **nidation**, c'est-à-dire l'implantation de l'embryon dans la cavité utérine. Après 7 jours de divisions cellulaires, le futur embryon se déplace jusqu'à l'**utérus**, lieu de la gestation. Il se fixe à la paroi utérine et entre en contact avec les vaisseaux sanguins maternels pour assurer ses besoins alimentaires et respiratoires.

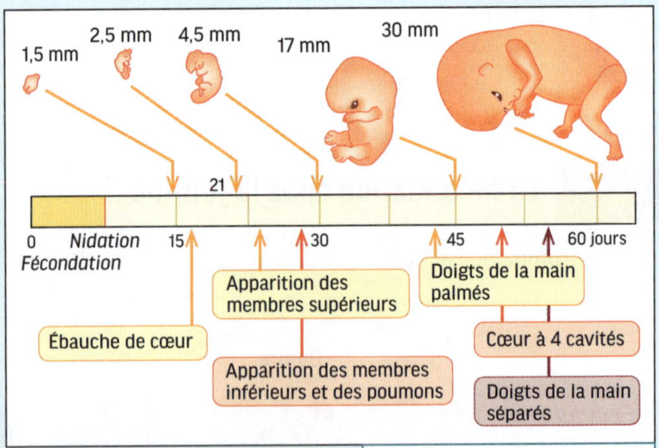

La période embryonnaire

- **La période fœtale** : entre la 9e semaine et la naissance, soit la 39e semaine de gestation.

Il s'agit principalement d'une période de croissance.

La gestation prend fin à la **naissance** du bébé. Des contractions musculaires de l'utérus déclenchent l'expulsion du bébé, aussi appelée **accouchement**.

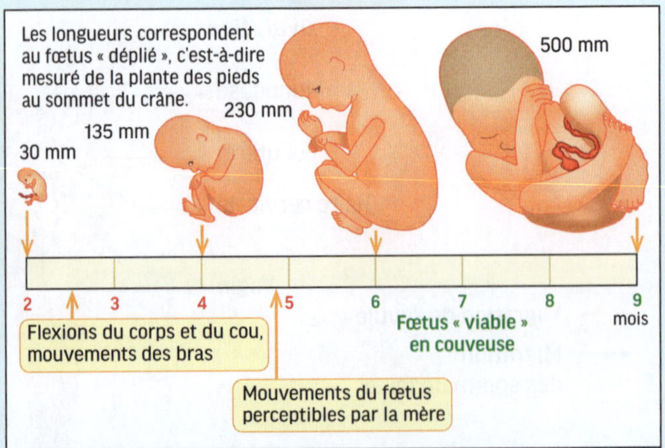

La période fœtale

BiLAN

Je retiens

- La **reproduction sexuée** est la formation d'un nouvel être vivant à partir d'un **gamète** mâle et d'un gamète femelle, cellules reproductrices produites dans les **gonades**.
- Chez les humains, l'homme produit des **spermatozoïdes** et la femme produit des **ovocytes (ou ovules)**. La fusion de deux de ces cellules reproductrices s'appelle la **fécondation** et forme une **cellule-œuf**. Cette reproduction est interne, elle se déroule dans les voies génitales femelles, au niveau des trompes utérines.
- La cellule-œuf sera à l'origine d'un nouvel individu après de multiples divisions cellulaires et une longue gestation. Le **développement intra-utérin** dure 39 semaines chez les humains : 8 semaines de **vie embryonnaire** et 31 semaines de **vie fœtale**.

J'apprends par le schéma

Les étapes de la reproduction sexuée dans l'espèce humaine

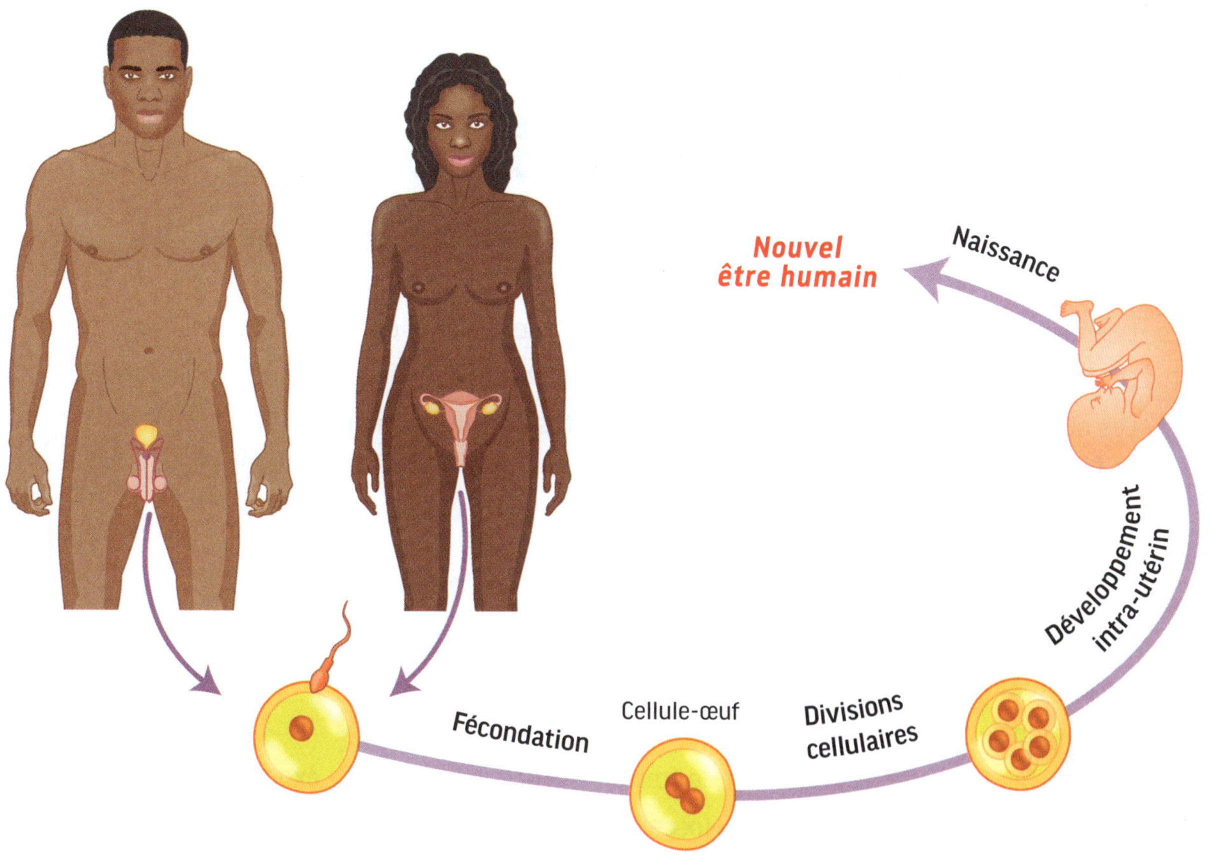

MÉMO AUDIO foucherconnect.fr/23svt26

QUIZ INTERACTIF foucherconnect.fr/23svt27

Je m'entraîne

Je vérifie mes connaissances

1 Compléter le tableau ci-dessous.

Caractéristiques des gamètes	Gamète femelle	Gamète mâle
Nom	....	....
Lieu de formation	....	....
Forme	....	....
Taille	....	....
Mobilité	....	....
Nombre de chromosomes	....	....
Nombre de gamètes produits	....	....

J'applique mes connaissances

2 Pour chaque situation, indiquer s'il s'agit d'un mode de reproduction asexuée (A) ou sexuée (S).

a. Une bactérie peut se reproduire par simple division cellulaire et donner deux cellules identiques. ......

b. Un être vivant est obtenu à la suite de la fusion d'une cellule mâle et d'une cellule femelle. ......

c. Les oursins mâle et femelle libèrent leurs gamètes dans l'eau de mer. La fécondation entre ovocyte et spermatozoïde se produit directement dans l'eau. ......

3 1 • **Classer les étapes suivantes dans l'ordre chronologique.**

a. Le fœtus commence à faire des mouvements avec ses bras.

b. Un spermatozoïde fusionne avec un ovocyte.

c. L'embryon se fixe à la paroi utérine.

d. Les contractions utérines débutent, le fœtus va prochainement être expulsé.

e. La cellule-œuf se divise et donne deux cellules.

Ordre chronologique : ....

2 • **Nommer les étapes b et c.**

b. .... c. ....

chapitre 6

Diversité génétique et unicité des individus

Nous appartenons tous à la même espèce *Homo sapiens*, c'est ce qui explique que nous avons tous les mêmes caractères spécifiques. Cependant, chacun d'entre nous est unique.

Comment peut-on expliquer la diversité génétique au sein de la population ? Comment un individu peut-il être unique alors qu'il ressemble à ses parents ?

- Comprendre l'origine des caractères héréditaires et leur localisation.
- Comprendre l'origine de la diversité génétique des individus au sein d'une espèce.

VIDÉO 4'16"
Qu'est-ce que l'hérédité ?
foucherconnect.fr/23svt28

C4.1 ACTIVITÉ 1 Qu'est-ce qu'un caractère héréditaire ?

1. À partir du **document 1** et de vos connaissances,

1.1 **Citer** quatre caractères propres à l'être humain.

– ....

– ....

– ....

– ....

Ces caractères sont des caractères ....

1.2 **Citer** deux exemples de caractères hérités de vos (grands-)parents (réponse personnelle).

– ....

– ....

Ces caractères sont des caractères ....

1.3 **Donner** un autre facteur environnemental modifiant les caractères individuels.

....

DOC • 1 Caractères spécifiques et héréditaires

Une famille

Les individus d'une même espèce possèdent tous des **caractères spécifiques** communs, c'est-à-dire propres à l'espèce. Ainsi, parmi les Primates, la bipédie permanente est un caractère propre à l'être humain.

Chaque individu possède les caractères de son espèce avec des variations qui lui sont propres. C'est la variabilité individuelle. On peut avoir les cheveux bruns ou blonds, par exemple.

Parmi ces caractères, certains sont hérités des parents ou des grands-parents. Ce sont ceux qui sont retrouvés de génération en génération (ils peuvent sauter une ou plusieurs générations). On parle de **caractères héréditaires**.

Les **facteurs environnementaux** peuvent influer sur les caractères d'un individu. Le bronzage peut notamment modifier temporairement la couleur de la peau ou la pratique d'un sport sculpter le corps et augmenter la musculature.

C1. 4 ACTIVITÉ 2 Où est localisée l'information génétique à l'origine des caractères héréditaires ?

2. À partir du **document 2**, **donner** la localisation du caractère héréditaire « couleur du pelage ». **Argumenter** la réponse.

DOC • 2 Une expérience de transfert de noyau

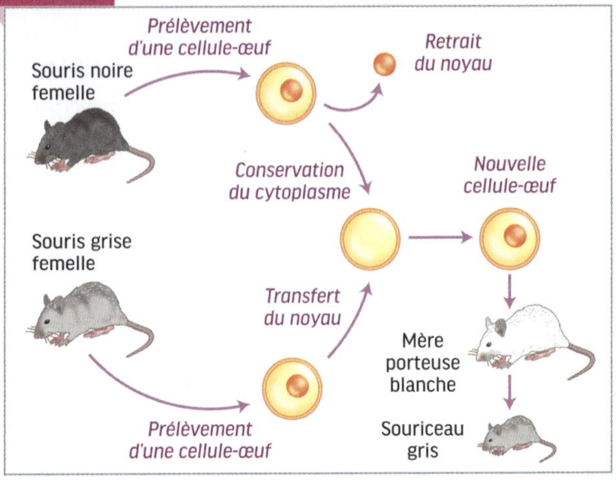

C6. 3 ACTIVITÉ 3 Quel est le support de l'information génétique ?

3. D'après les **documents 3** et **4**,

3. 1 **Localiser** les chromosomes.

3. 2 **Définir** les chromosomes.

DOC • 3 Les chromosomes, support de l'information génétique

Dans le noyau des cellules d'un être humain, on observe des petits bâtonnets que l'on a ordonnés par taille et par paire du plus grand au plus petit. On obtient un **caryotype**.

Ces bâtonnets sont les **chromosomes**. Ils sont le support de l'information génétique et sont responsables de tous les caractères héréditaires d'un individu. Les humains en possèdent 46 dans toutes leurs cellules (à l'exception des gamètes).

DICO SCIENCES

* **Caryotype** : ensemble des chromosomes d'un individu ou d'une espèce.
* **Chromosomes** : éléments en forme de X contenant l'information génétique de l'individu. Ils sont constitués d'ADN qui porte les gènes, supports des caractères héréditaires.

DOC • 4 Le caryotype d'un homme

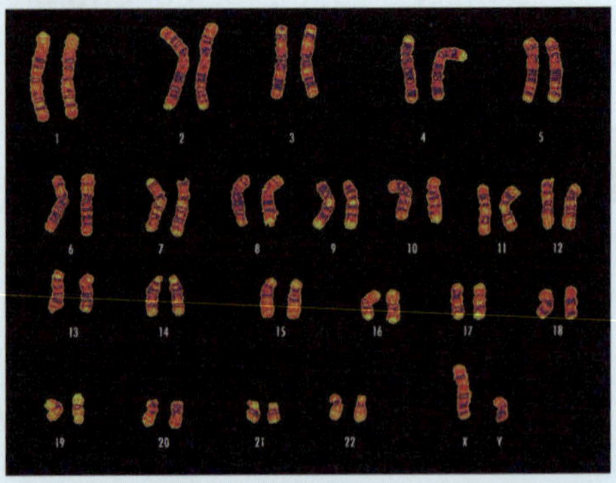

La présence d'un chromosome X et d'un chromosome Y permet d'affirmer qu'il s'agit d'un homme. Une femme possède deux chromosomes X.

C4.1 ACTIVITÉ 4

Comment un caractère héréditaire peut-il avoir plusieurs versions ?

4. À partir des **documents 5** et **6**,

4.1 **Indiquer** les différentes combinaisons d'allèles possibles pour un groupe sanguin B.

....

4.2 **Donner** la différence entre une hématie de groupe O et une hématie de groupe A.

....

....

4.3 **Déterminer** combien d'allèles un individu possède pour chacun de ses gènes.

....

DOC • 5 Les gènes déterminent les caractères héréditaires

Chaque chromosome contient de nombreuses informations génétiques déterminant les caractères héréditaires : ce sont les **gènes**. Les gènes sont disposés le long du chromosome et existent sous différentes versions appelées **allèles**. Ceci explique pourquoi toutes les personnes possèdent des caractères individuels.

DICO SCIENCES

* **Allèle** : version d'un gène. Pour chaque gène, il existe plusieurs allèles.
* **Gène** : portion de chromosome portant une information génétique codant un caractère héréditaire.

DOC • 6 Les différentes versions du gène responsable du groupe sanguin

Dans le tableau ci-dessous, on prend l'exemple des groupes sanguins, positionnés sur le chromosome 9. Il existe trois allèles pour le gène codant le groupe sanguin : A, B et O. Chaque individu en possède deux, différents ou identiques.

Allèles codant le groupe ABO sur la paire de chromosomes n° 9	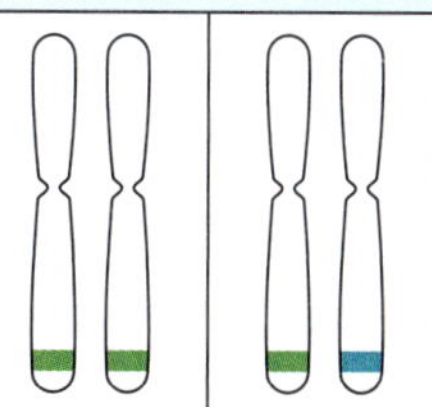 A A / A O	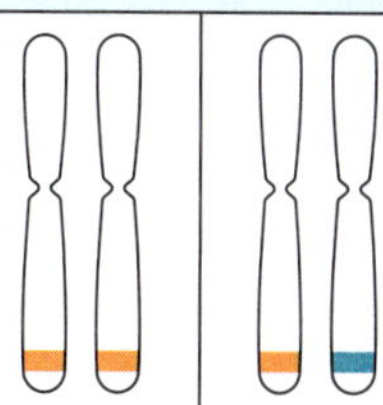 B B / B O	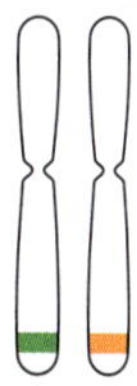 A B	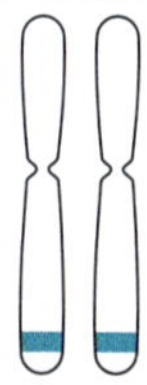 O O
Hématies (globules rouges) et marqueurs membranaires				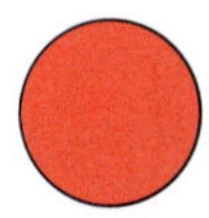
Groupe sanguin de l'individu	A	B	AB	O

▼ Molécule A

● Molécule B

C4.2 ACTIVITÉ 5 Comment expliquer la stabilité du caryotype au fil des générations ?

5. À l'aide du **document 7**, **compléter** le schéma.

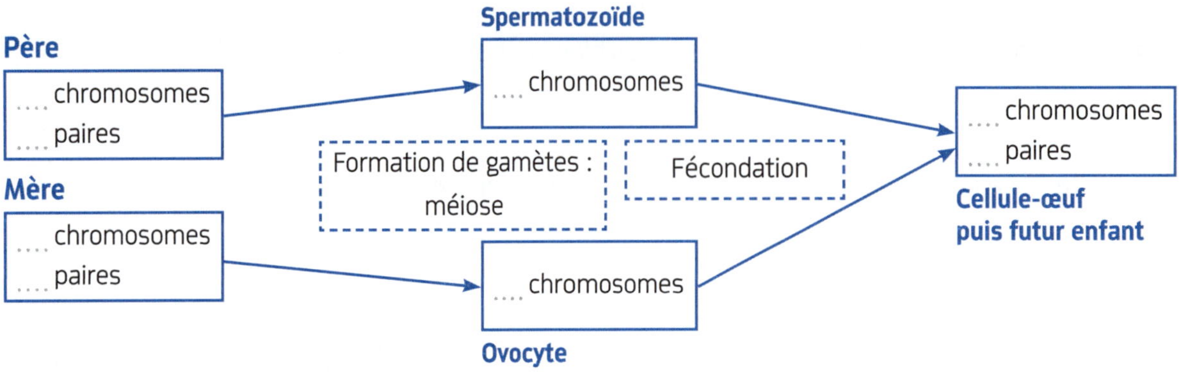

DOC • 7 Caractéristiques génétiques des gamètes

Chaque gamète contient la moitié du patrimoine génétique du parent qui l'a produit. Les cellules humaines possèdent toutes 46 chromosomes à l'exception des gamètes, sinon la cellule-œuf produite serait dotée de 92 chromosomes. Pour le maintien du caryotype au fil des générations, les cellules à l'origine des gamètes subissent, lors de leur formation, des divisions cellulaires, la **méiose**, en perdant la moitié de leurs chromosomes. Les humains possèdent 23 paires de chromosomes et les gamètes ne possèdent qu'un chromosome de chaque paire.

DICO SCIENCES

* **Méiose** : deux divisions cellulaires successives, lors de la formation des gamètes, qui permettent de passer de 46 à 23 chromosomes.

C3.1 ACTIVITÉ 6 Pourquoi deux enfants issus des mêmes parents ne sont pas identiques génétiquement ?

6. Dans le tableau du **document 8**, **indiquer** toutes les combinaisons alléliques et groupes sanguins possibles pour les enfants issus d'un père de groupe AB et d'une mère de groupe B. Puis **compléter** la conclusion sous le tableau.

DOC • 8 Le brassage allélique pendant la fécondation (avec l'exemple des groupes sanguins)

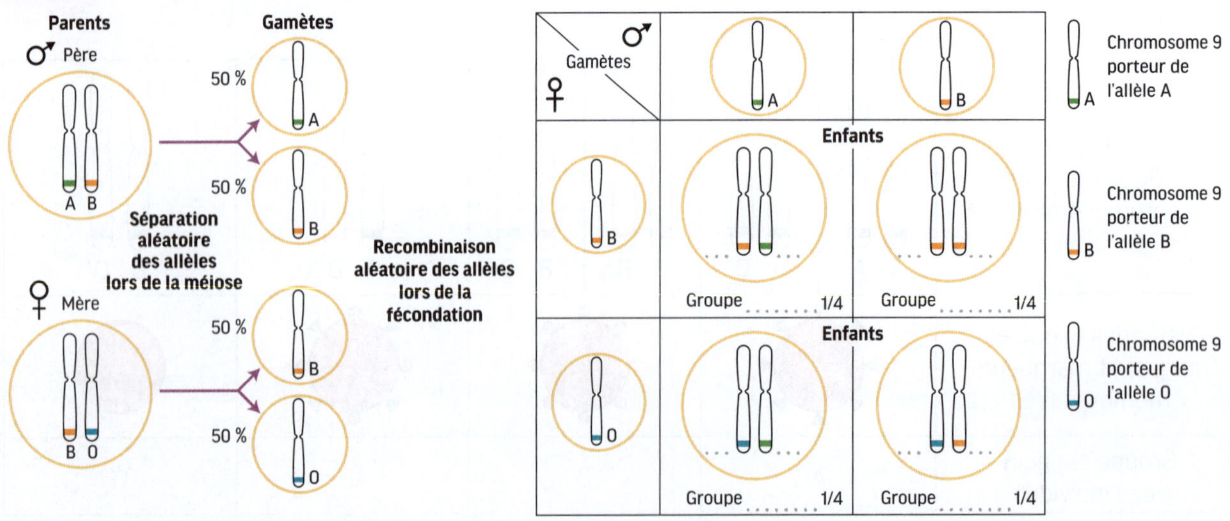

Conclusion : en tenant compte uniquement du gène du groupe sanguin, ces deux parents peuvent avoir .... enfants différents génétiquement de .... groupes sanguins différents.

BILAN

Je retiens

- Les informations génétiques contenant les **caractères héréditaires** sont localisées dans le noyau des cellules et portées par les **chromosomes** sous forme de **gènes**.
- L'ensemble des chromosomes d'une cellule constitue son **caryotype**, caractère spécifique. Les humains possèdent, dans chacune de leurs cellules, 46 chromosomes porteurs d'environ 22 000 gènes. Chaque gène existe en plusieurs versions, appelées **allèles**. Les individus possèdent, pour chaque gène, deux allèles, identiques ou différents. Cette variabilité génétique explique notre diversité.
- Lors de la formation des gamètes, la **méiose** diminue de moitié le nombre de chromosomes. La **fécondation**, fusion de deux gamètes, permet la formation d'une cellule-œuf contenant le nombre de chromosomes spécifique de l'espèce. Ainsi, au fil des générations, l'alternance méiose et fécondation permet la **stabilité du caryotype**.
- Par ces mécanismes, un humain peut produire 2^{23} gamètes différents, soit plus de 8 millions. Une cellule-œuf est donc la rencontre au hasard de gamètes quasi uniques. Cela explique pourquoi chacun d'entre nous est **unique**.

J'apprends par le schéma

L'alternance méiose/fécondation pour la stabilité génétique de l'espèce

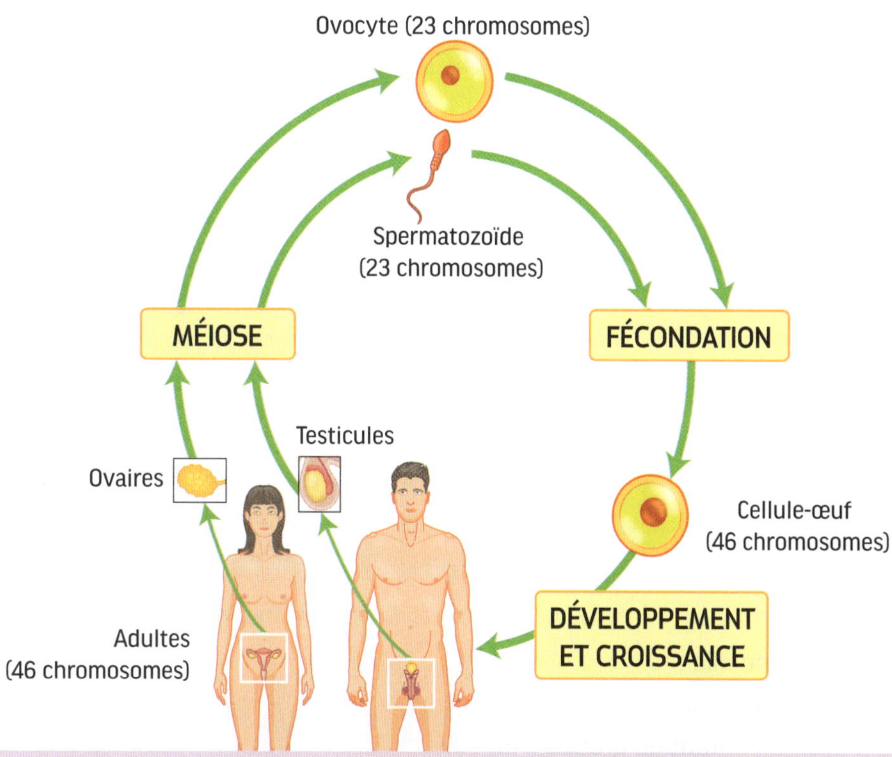

MÉMO AUDIO
foucherconnect.fr/23svt29

QUIZ INTERACTIF
foucherconnect.fr/23svt30

Je vérifie mes connaissances

1 Cocher la bonne réponse.

	Vrai	Faux
1. Le groupe sanguin d'un enfant sera A si le spermatozoïde contenait un chromosome 9 avec l'allèle A et si l'ovocyte contenait un chromosome 9 avec l'allèle O.	☐	☐
2. Le caryotype ci-contre appartient à une femme.	☐	☐
3. Un gamète contient moitié moins de chromosomes qu'une autre cellule.	☐	☐
4. Je peux hériter d'un caractère que possède mon grand-père maternel mais que ne possède pas ma mère.	☐	☐
5. Les gènes sont des versions différentes d'allèles.	☐	☐
6. Le caractère « yeux bleus » est spécifique, c'est-à-dire propre à une espèce.	☐	☐
7. La méiose et la fécondation assurent la stabilité du caryotype.	☐	☐
8. La météo peut influencer les caractères individuels d'un individu.	☐	☐

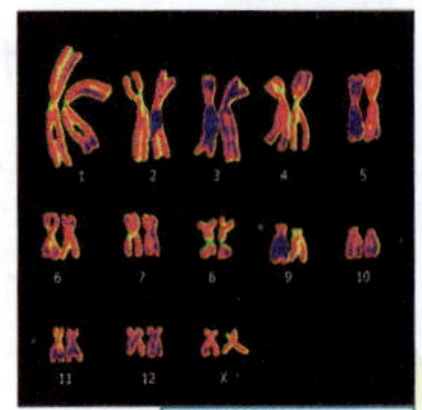
Caryotype

J'applique mes connaissances

2 Une femme attend un enfant. Elle s'interroge sur le sexe et le groupe sanguin possibles pour son bébé. Elle est de groupe sanguin A avec les allèles A et O. Son mari possède les allèles B et O.

Déterminer les probabilités (chances) qu'a cette femme d'avoir un garçon ou une fille et leurs groupes sanguins possibles en remplissant le tableau suivant.

Gamètes du père / Gamètes de la mère	....	....	....	....
A, X	....	....	....	....
....	....	....	....	....
....	....	....	....	....
....	....	....	....	....

Probabilité d'avoir une fille : ...
Probabilité d'avoir un garçon : ...
Probabilité d'avoir un enfant de groupe [AB] : ...
Probabilité d'avoir un enfant de groupe [A] : ...
Probabilité d'avoir un enfant de groupe [B] : ...
Probabilité d'avoir un enfant de groupe [O] : ...

chapitre 7

La biodiversité au cours du temps

Depuis l'apparition des premiers êtres vivants, la biodiversité a évolué avec des crises biologiques, entraînant des extinctions de masse. Aujourd'hui, on constate une chute de cette biodiversité pouvant mener à de lourdes conséquences.

Qu'est-ce que la biodiversité et comment a-t-elle évolué ?
Quel est l'impact de l'être humain et pourquoi parle-t-on d'une 6e crise biologique ?

- Établir des relations de causalité entre différents faits pour expliquer la biodiversité.
- Identifier les impacts des activités humaines sur l'environnement à différentes échelles.

VIDÉO 2'55"
Notre Planète : qu'est-ce que la biodiversité ?
foucherconnect.fr/23svt31

C1.1 ACTIVITÉ 1 Qu'est-ce que la biodiversité ?

1. D'après le **document 1**, **citer** les trois niveaux de **biodiversité**.

....

....

DICO SCIENCES
- **Biocénose** : ensemble des êtres vivants dans un biotope.
- **Biodiversité** : diversité des écosystèmes et des espèces (incluant une diversité génétique).
- **Biotope** : milieu de vie.

DOC • 1 Les différents niveaux de la biodiversité

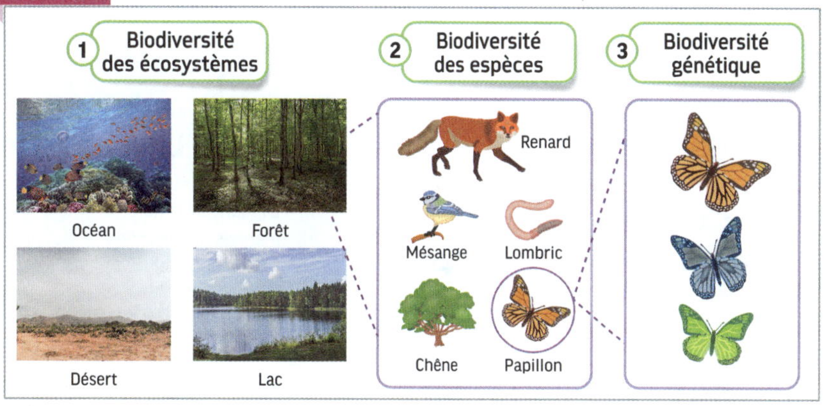

2. À l'aide du **document 2**, **compléter** le texte ci-dessous.

Un écosystème est composé d'un ...., par exemple la forêt, des .... peuplant ce milieu de vie, ainsi que de l'ensemble des .... entre les différentes espèces.

3. **Indiquer** sur le **document 2** le type de relation entre les espèces : *relation alimentaire* ou *relation de coopération*.

VIDÉO 4'37"
Les relations entre les espèces
foucherconnect.fr/23svt32

DOC • 2 Un écosystème : la forêt

Un biotope

Une biocénose

Un écosystème

Relation

→ ....

→ ....

C1.4 ACTIVITÉ 2

Comment la biodiversité a-t-elle évolué ?

4. À l'aide du **document 3**, **classer** les **fossiles** du plus ancien au plus récent.

....

....

....

DOC • 3 Formation des roches sédimentaires et des fossiles

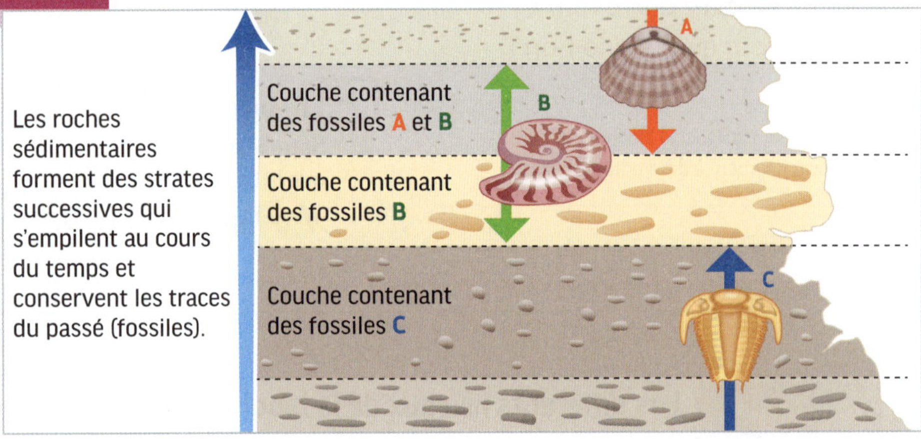

DICO SCIENCES

* **Fossile** : trace de vie préservée dans une roche sédimentaire.

5. À l'aide du **document 4**,

5. 1 **Citer** un sous-groupe d'Arthropodes disparu au Crétacé.

....

5. 2 **Citer** le groupe qui n'a pas changé et en **citer** une espèce actuelle.

....

....

5. 3 **Citer** le groupe qui est apparu et en **citer** une espèce actuelle.

....

....

DOC • 4 Un renouvellement d'organismes vivants

La mer est peuplée d'êtres vivants classés dans les groupes suivants :

Cambrien		Crétacé	
❶ Algue vertes	Arthropodes :	❶ Algues vertes	Arthropodes :
❷ Annélides	❹ Trilobites	❷ Annélides	❹ Crustacés
❸ Échinodermes	❺ Crustacés	❸ Échinodermes	Vertébrés :
			❺ Poissons osseux
			❻ Ichtyosaures

6. **Conclure** sur l'évolution de la biodiversité.

....

....

....

....

....

ACTIVITÉ 3 Quelles sont les causes et conséquences d'une crise biologique ?

VIDÉO 7'00"
Les grandes crises biologiques
foucherconnect.fr/23svt33

7. À l'aide du **document 5**,

7. 1 **Définir** une crise biologique.

....

....

....

7. 2 **Indiquer** ce qui se produit après une crise biologique.

....

....

....

DOC • 5 La dernière grande extinction

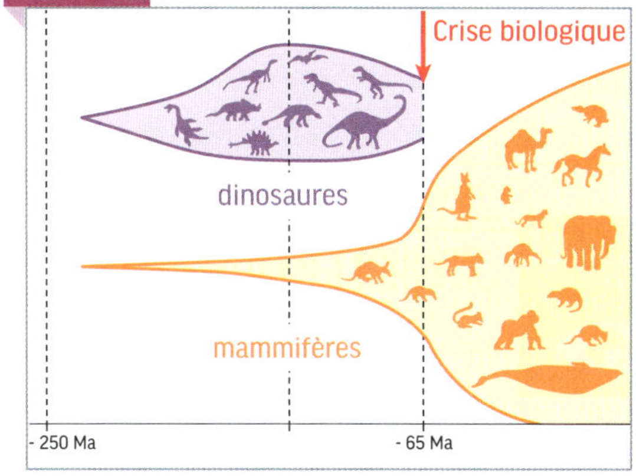

8. Dans le tableau, **surligner** les causes d'**extinction** et **compléter** les conséquences.

Crises majeures	Conséquences
Crise Permien/Trias (– 250 Ma) : Une diminution du niveau des mers entraîne une mauvaise circulation océanique car il n'y a alors qu'un seul continent. Puis l'activité volcanique engendre des explosions et une modification du climat.	Disparition de 90 % des espèces marines.  Extinction des ....
Crise Crétacé/Paléogène (– 65 Ma) : Une collision cosmique ou une activité volcanique intense provoque l'émission de poussières et entraîne la disparition de la lumière solaire et un hiver de plusieurs années.	Disparition de 75 % des espèces terrestres.  Extinction des ....
Crise actuelle : Le réchauffement climatique, accentué par l'activité humaine, entraîne une hausse de la température moyenne et une augmentation de la fréquence et de l'intensité des phénomènes métrologiques (inondations, canicules…)	Disparition d'espèces et augmentation du nombre d'espèces menacées.

9. **Compléter** la frise chronologique à l'aide du **document 6** et du tableau ci-dessus.

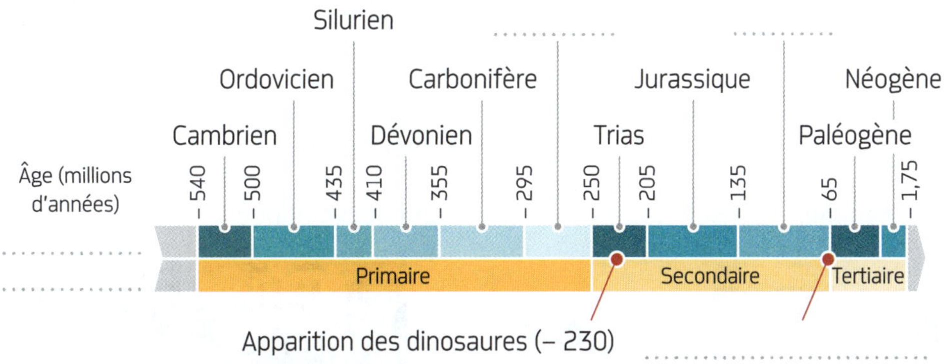

DOC • 6 Le découpage des temps géologiques

Pour expliquer l'**évolution** des espèces, les géologues se sont basés sur les crises biologiques et ont découpé le temps en ères géologiques. Ces ères sont découpées en périodes pour l'évolution des espèces.

DICO SCIENCES

* **Extinction** : disparition très rapide à l'échelle des temps géologiques de nombreuses espèces.
* **Évolution** : ensemble des modifications des populations et des espèces au cours du temps sous l'effet de la sélection naturelle et des changements environnementaux.

ACTIVITÉ 4 Quel est l'impact de l'être humain sur la biodiversité ?

10. D'après le **document 7**, **expliquer** les effets de l'insecticide DDT sur la population de goélands.

....

....

....

....

....

....

DOC • 7 Concentration du DDT dans une chaîne alimentaire

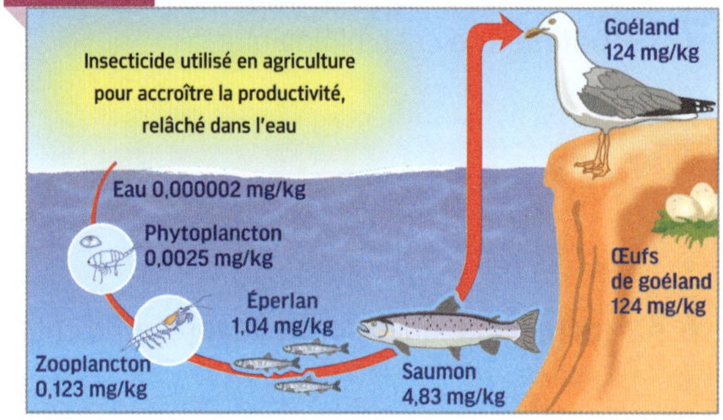

11. **Analyser** le graphique du **document 8** et **conclure** sur la baisse brutale d'oisillons.

....

....

....

....

....

....

DOC • 8 L'épaisseur des coquilles des œufs de goélands

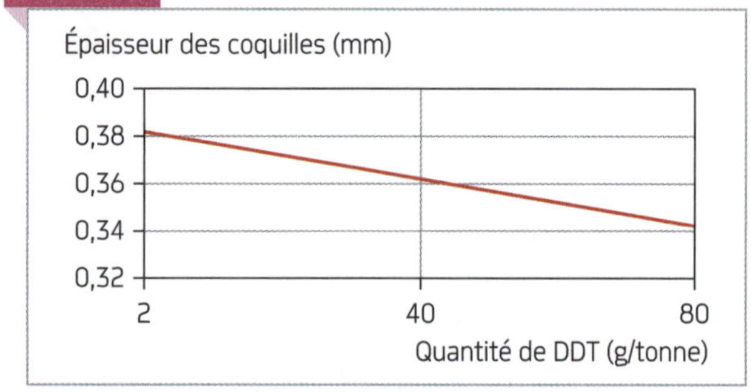

12. À l'aide du **document 9**, **citer** la cause du réchauffement climatique et **citer** un gaz à effet de serre.

....

....

....

....

....

....

DOC • 9 Le réchauffement climatique

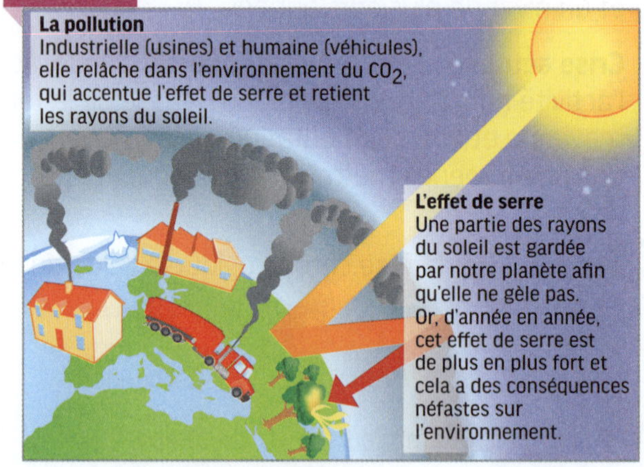

13. À l'aide des photos ci-dessous, **nommer** 4 conséquences du réchauffement climatique.

....

BiLAN

Je retiens

• La **biodiversité** représente la **richesse du vivant**. Les espèces actuellement présentes n'ont pas toujours été là ; à l'inverse, certaines espèces présentes il y a plusieurs millions d'années ont disparu. Cette succession des espèces au cours du temps est appelée : **évolution.** Pour reconstituer cette évolution, les scientifiques ont étudié les **fossiles**.

• La biodiversité se modifie au cours du temps sous l'effet de nombreux facteurs (dont les évènements géologiques et climatiques) qui entraînent l'extinction des espèces. Lorsque le taux d'extinction est supérieur à 75 %, on parle de **crise biologique**, comme par exemple la crise Crétacé/Paléogène avec la disparition des dinosaures. S'ensuit une **explosion évolutive** de nouvelles espèces adaptées à ce nouveau milieu de vie, c'est la **diversification**. Selon ces crises, on a établi une **frise chronologique** découpée en **ères et périodes géologiques**.

• Actuellement, l'espèce humaine a un **fort impact négatif** sur la biodiversité. On constate une disparition accélérée de certaines espèces, provoquant d'importants déséquilibres des écosystèmes. À ce rythme accéléré, on va vers une **6e crise biologique** plus massive et plus grave, marquée par le **réchauffement climatique**.

J'apprends par le schéma

Vers une sixième crise biologique ?

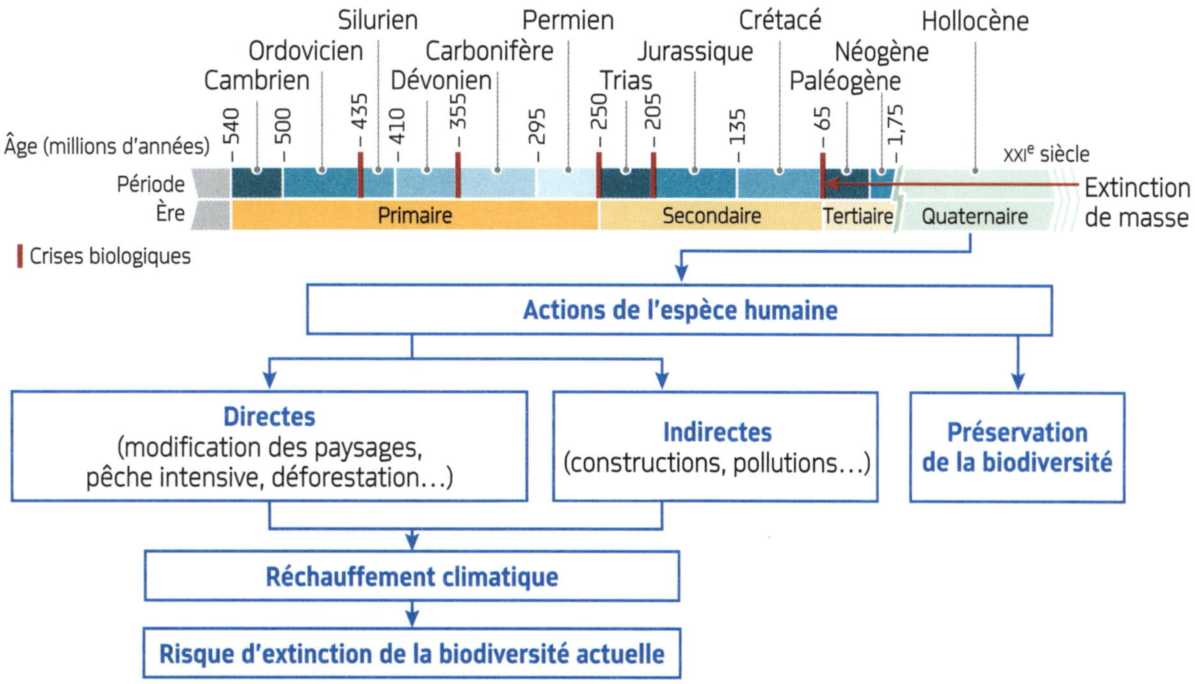

MÉMO AUDIO foucherconnect.fr/23svt34

QUIZ INTERACTIF foucherconnect.fr/23svt35

Je m'entraîne

Je vérifie mes connaissances

1 **Relier les mots à leur définition.**

- Fossile •
- Crise biologique •
- Espèce •
- Biodiversité •
- Évolution •
- Biotope •

- • Milieu de vie.
- • Trace de vie préservée dans une roche sédimentaire.
- • Ensemble d'individus ayant des caractères en commun, capables de se reproduire entre eux pour donner des individus fertiles.
- • Diversité biologique des écosystèmes.
- • Disparition rapide et massive d'espèces pouvant aller jusqu'à l'extinction.
- • Ensemble des modifications des populations et des espèces au cours du temps sous l'effet de la sélection naturelle et des changements environnementaux.

J'applique mes connaissances

2 1. À partir du document 1, nommer et analyser l'évolution de chaque groupe.

....

....

....

....

DOC • 1 **Évolution de deux groupes**

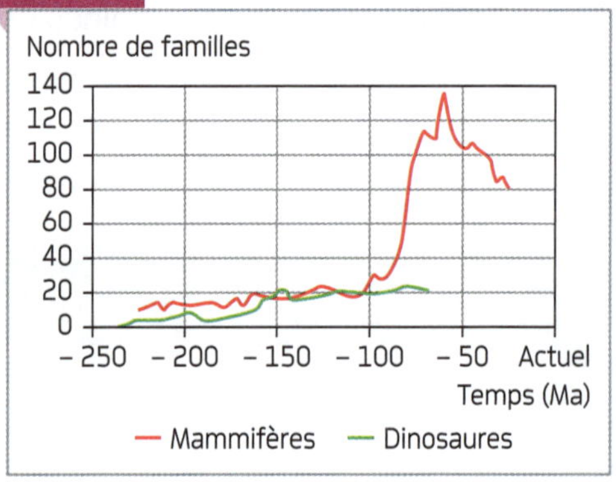

2. Compléter la frise ci-dessous, sur l'évolution des dinosaures, à l'aide des mots suivants : *apparition* ; *extinction* ; *crise de biodiversité* ; *explosion évolutive*.

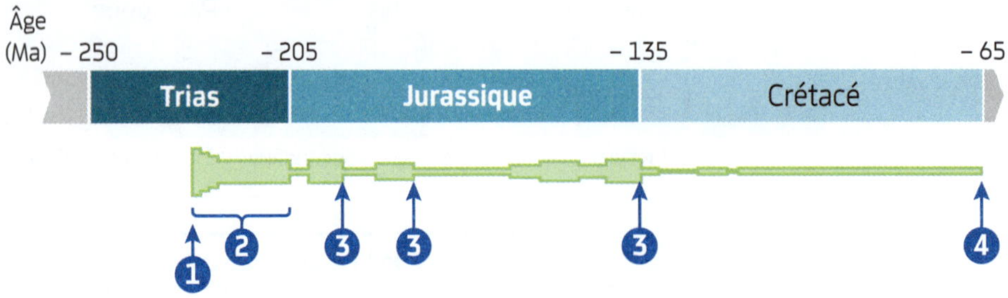

1 ....

2 ....

3 ....

4 ....

3 **À l'aide du document 2, expliquer l'influence de l'être humain sur la population des phalènes.**

....

....

....

....

DOC • 2 **La sélection des phalènes**

chapitre 8

Évolution du vivant et place de l'Homme

Au cours des ères géologiques, des espèces sont apparues, d'autres ont disparu et certaines se sont adaptées. Il existe un renouvellement permanent des êtres vivants dû au processus de l'évolution.

Quels sont les liens de parenté entre les espèces ?
Quelle est la place de l'être humain dans l'évolution ?

- Établir les liens de parenté entre les espèces.
- Situer *Homo sapiens* dans l'évolution des espèces.

VIDÉO 3'38"
Les origines de l'Homme
foucherconnect.fr/23svt36

C1.4 C6.2 ACTIVITÉ 1 Existe-t-il des points communs entre les espèces ?

1. D'après le **document 1**, **expliquer** l'origine du vivant.

....

....

....

....

2. D'après le **document 2**, **comparer** les quatre plans d'organisation des membres antérieurs des Vertébrés.

....

....

....

....

....

3. **Compléter** la définition d'un groupe.

Un groupe est un ensemble ....
qui partagent un grand nombre de ....
et qui a évolué à partir d'un ancêtre commun.
Exemple : ....

DOC • 1 La cellule est l'unité du vivant

Tous les êtres vivants sont constitués de cellule(s). On pense que toutes les espèces proviennent de cellules ancestrales qui ont subi des modifications au cours de l'évolution. Ces modifications ainsi que d'autres paramètres ont permis la mise en place de la biodiversité actuelle.

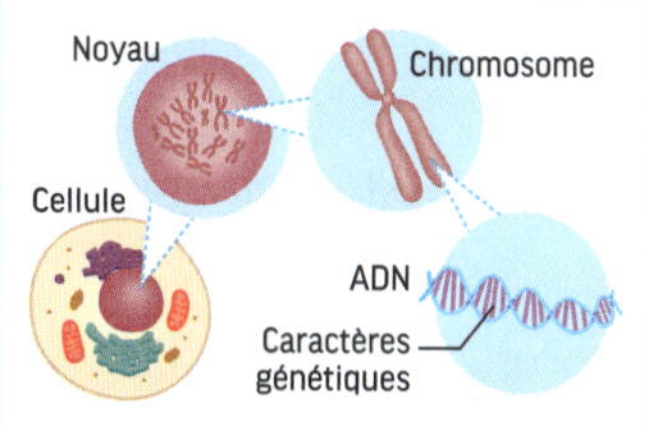

DOC • 2 Le membre antérieur des Vertébrés

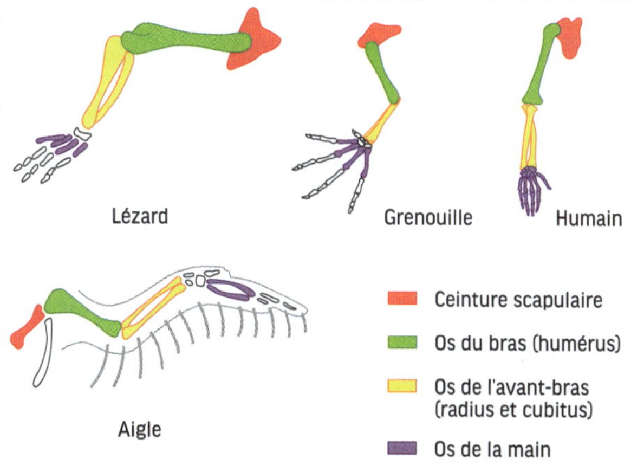

DICO SCIENCES

* **Ancêtre commun** : être vivant hypothétique qui a pour descendance des espèces actuelles et/ou fossiles avec lesquelles il forme un groupe.
* **Espèce** : ensemble d'êtres vivants qui se ressemblent à différents niveaux (anatomique, morphologique, physiologique et comportemental) et peuvent se reproduire pour donner vie à des individus fertiles.

C1. 6 **ACTIVITÉ 2**

Existe-t-il des relations de parenté entre les espèces ?

VIDÉO 1'49''
La classification des animaux, comment ça marche ?
foucherconnect.fr/23svt37

4. À partir du **document 3**,

4. 1 **Cocher** pour chaque espèce les caractères lui appartenant dans le tableau ci-dessous.

	 Lombric	 Carpe	 Grenouille	 Crocodile	 Mésange	 Poule	 Chat	 Renard
Bouche	☐	☐	☐	☐	☐	☐	☐	☐
Squelette osseux	☐	☐	☐	☐	☐	☐	☐	☐
Pattes	☐	☐	☐	☐	☐	☐	☐	☐
Plumes	☐	☐	☐	☐	☐	☐	☐	☐
Poils	☐	☐	☐	☐	☐	☐	☐	☐
Gésier	☐	☐	☐	☐	☐	☐	☐	☐
Amnios[1]	☐	☐	☐	☐	☐	☐	☐	☐
Allaitement	☐	☐	☐	☐	☐	☐	☐	☐

1. Enveloppe entourant l'embryon pour le protéger.

4. 2 **Nommer** les quatre caractères partagés que possède l'ancêtre commun au renard, au chat, à la poule, à la mésange et au crocodile.

....

4. 3 **Compléter** le texte suivant.

Pour étudier les liens de parenté, on recherche les caractères .... entre les espèces. Puis, pour les représenter, on réalise une .... des êtres vivants sous forme de .... Plus des espèces possèdent des .... en commun plus elles sont .... Une nouvelle .... présente des caractères communs mais aussi des caractères nouveaux qui lui sont propres.

DOC • 3 La classification des espèces

Dans un tableau, on liste et on coche les caractères des êtres vivants étudiés. On écrit ensuite le point commun entre tous ces animaux dans un rectangle qui représente alors le plus grand groupe. Puis on cherche à faire des sous-groupes. On obtient ainsi une classification emboîtée des êtres vivants basée sur le partage de caractères précis.

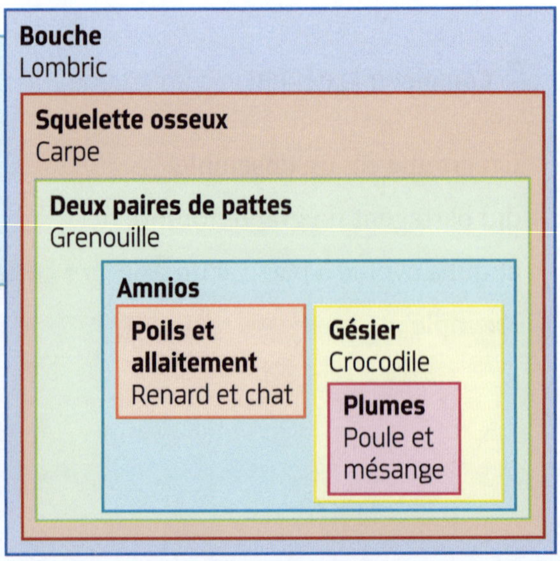

DICO SCIENCES

- **Caractères nouveaux** : caractères propres à l'espèce apparaissant lors de l'évolution.
- **Caractères partagés** : caractères appartenant à plusieurs espèces d'un même groupe et obtenus à partir de leur ancêtre commun.
- **Lien de parenté** : lien entre les espèces qui ont des caractères en commun traduisant leur proximité.

C1. 2 ACTIVITÉ 3

Les espèces ancestrales et les espèces actuelles ont-elles des liens de parenté ?

5. À partir du **document 4**, **nommer** les caractères communs :

– à l'archéoptéryx et au *compsognathus*.

....

– à l'archéoptéryx et au pigeon.

....

6. À partir des **documents 4** et **5**, **compléter** le texte suivant.

La découverte de certains .... permet de retracer l'.............................. des espèces. L'archéoptéryx est une forme intermédiaire entre le groupe des .... et le groupe des .... Les caractères .... de l'archéoptéryx avec le *compsognathus* et le pigeon actuel montrent une filiation entre ces deux groupes et donc des .... On en conclut qu'ils ont un .... commun.

7. À l'aide des **documents 4** et **6**, **retracer** l'histoire évolutive des oiseaux en complétant l'arbre phylogénétique ci-contre.

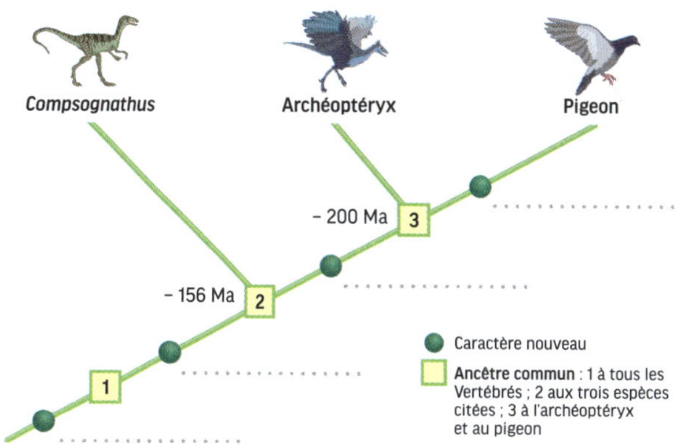

DOC • 4 Étude de trois squelettes

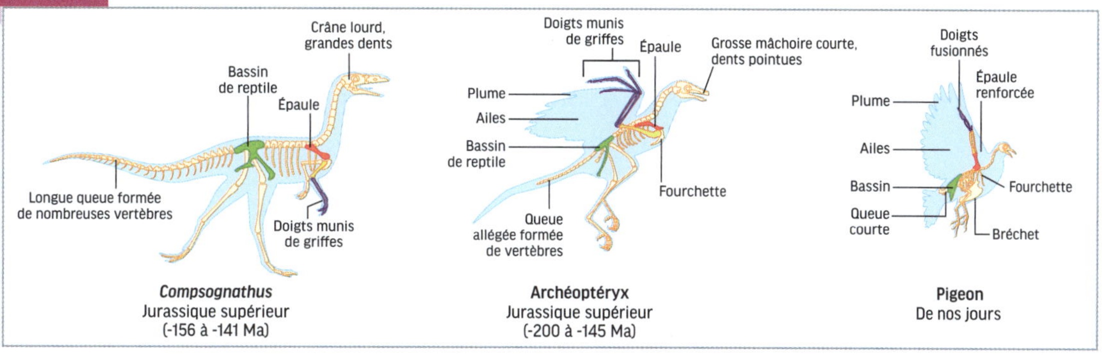

DOC • 5 Un fossile d'archéoptéryx

DOC • 6 L'arbre de parenté

Il prend en compte tous les liens de parenté (anatomiques[1], morphologiques[2], physiologiques[3] et génétiques). Dans cet arbre, on replace les espèces disparues (fossiles) afin d'établir une relation avec les espèces actuelles. La construction de cet arbre permet de traduire l'évolution des espèces.

1. Forme et structure interne des êtres vivants (ex. : organes).
2. Forme et structure externe des êtres vivants (ex. : poils).
3. Fonctionnement des organes.

C7.1 ACTIVITÉ 4

Quelle est la place de l'être humain au sein de l'évolution ?

VIDÉO 5'04"
La place de l'Homme dans l'évolution
foucherconnect.fr/23svt38

8. À l'aide du **document 7**, **justifier** la place de l'être humain parmi les Grands Singes.

....

....

....

DOC • 7 Classification emboîtée des Primates et Grands Singes

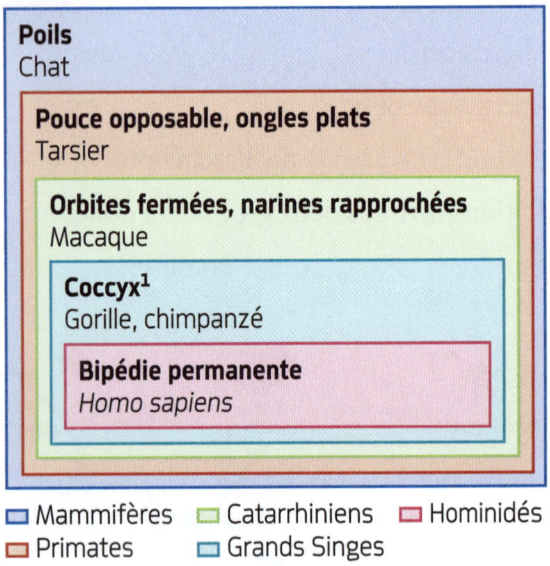

1. Dernier os de la colonne vertébrale et reliquat d'une queue que possédaient nos ancêtres.

9. D'après le **document 8**, **citer** un critère important montrant la place de l'être humain parmi les Grands Singes et **nommer** son plus proche parent.

....

....

....

DOC • 8 L'ADN de l'être humain et d'autres espèces

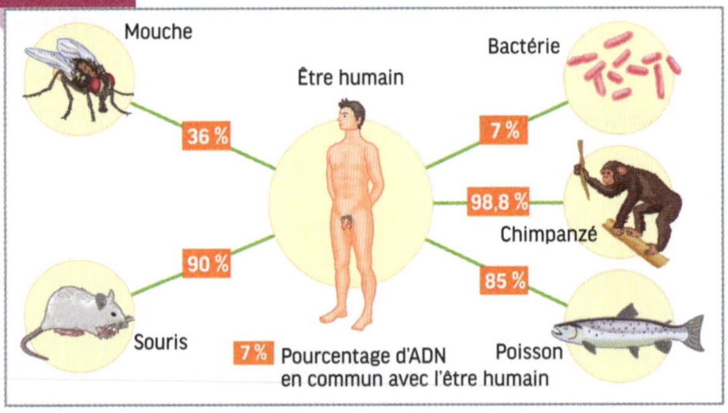

10. D'après le **document 9**, **citer** les caractères propres à l'espèce humaine.

....

....

DICO SCIENCES

* **ADN** : molécule se trouvant dans le noyau d'une cellule et composant les chromosomes sur lesquels se trouvent les caractères d'un individu.

DOC • 9 Arbre de parenté des Grands Singes

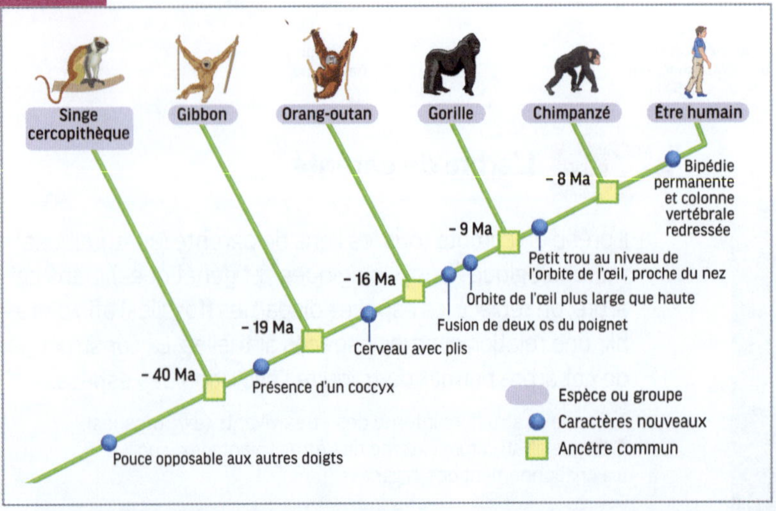

11. Peut-on dire que l'être humain descend du singe ? **Justifier**.

....

....

....

....

....

....

....

....

BiLAN

Je retiens

• Au cours de l'évolution, les espèces se sont transformées. Certaines ont disparu et d'autres sont apparues, engendrant un renouvellement permanent. Les espèces possèdent des **caractères héréditaires** qu'elles peuvent partager avec d'autres. Plus des espèces ont de caractères en commun, appelés **caractères partagés**, plus elles sont **proches**.

• Ces **liens de parenté** fondent les **groupes**. Par exemple, le groupe des Vertébrés, malgré une multitude de modes de locomotion, possède un plan d'organisation commun de ses membres. Les Vertébrés ont donc des caractères partagés hérités d'un **ancêtre commun**. Pour étudier les groupes, on se base sur des critères anatomiques, morphologiques, génétiques et physiologiques et on réalise une **classification emboîtée**.

• La découverte de fossiles permet de retrouver la **filiation entre les espèces** disparues et les nouvelles espèces. Cette évolution se présente sous forme d'**arbre phylogénétique**.

• L'être humain s'inscrit dans le processus d'évolution. C'est un Primate classé dans le groupe des **Grands Singes**, avec lesquels il partage les caractères suivants : pouce opposable, ongles plats et coccyx. Il est la dernière espèce vivante du genre *Homo*, caractérisé par sa **bipédie permanente**.

J'apprends par le schéma

La place de l'Homme au sein des êtres vivants : l'unité du vivant

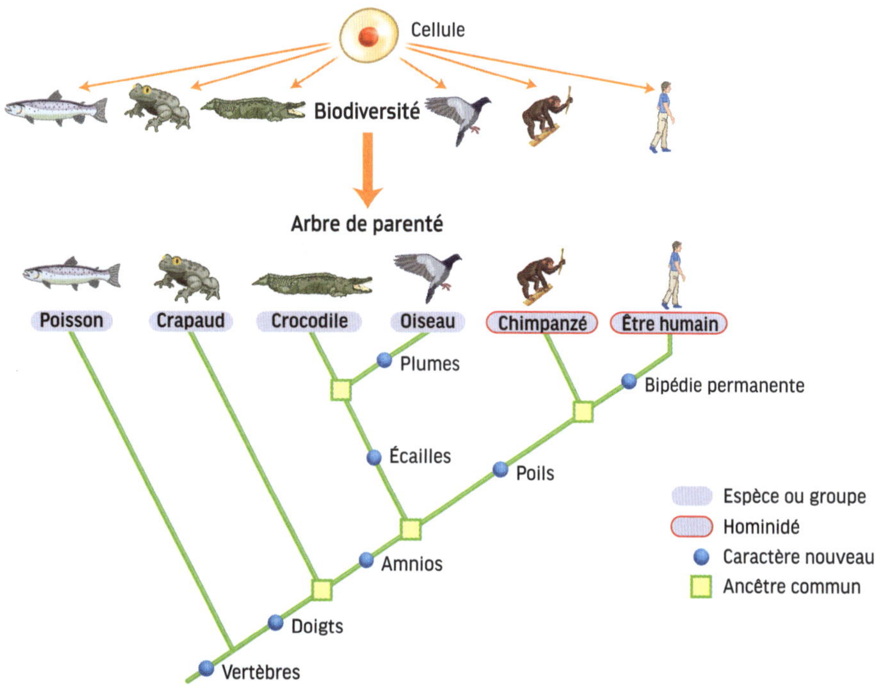

MÉMO AUDIO
foucherconnect.fr/23svt39

QUIZ INTERACTIF
foucherconnect.fr/23svt40

Je vérifie mes connaissances

1 **Compléter le tableau puis la classification finale des 4 animaux présentés.**

	 Escargot	 Saumon	 Pie	 Grenouille verte
Yeux et bouche	☐	☐	☐	☐
Squelette interne osseux	☐	☐	☐	☐
Tétrapodes (4 membres)	☐	☐	☐	☐
Plumes	☐	☐	☐	☐

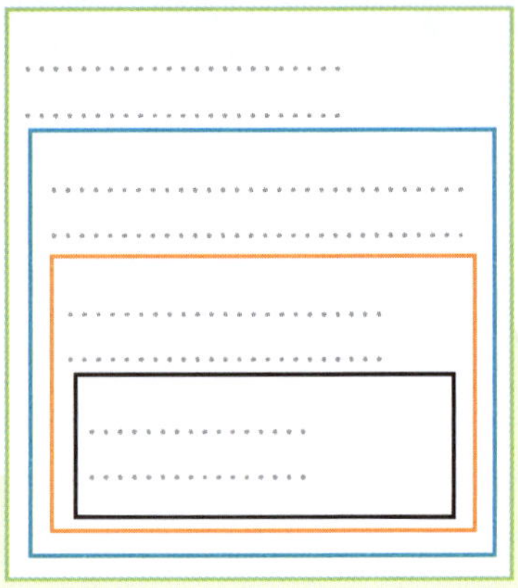

J'applique mes connaissances

2 **À l'aide des documents 1 et 2 et de vos connaissances, compléter l'arbre de parenté suivant.**

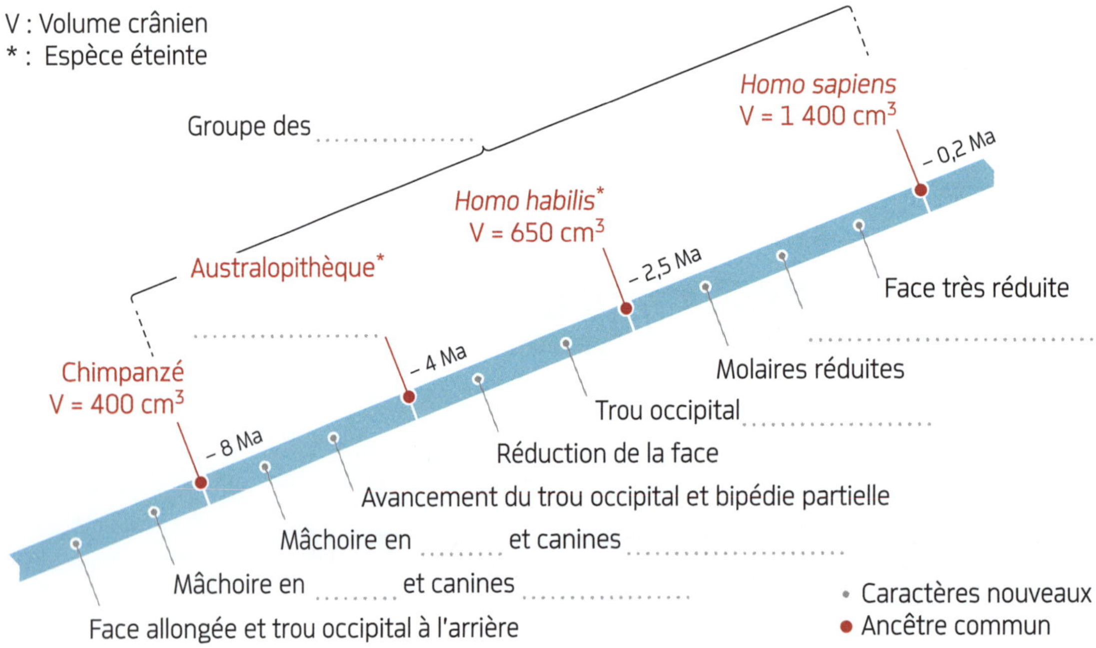

DOC • 1 Les principaux Hominidés

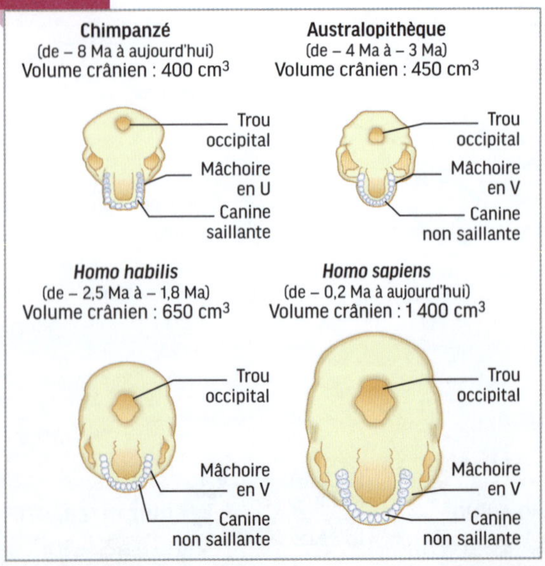

DOC • 2 Descriptif des australopithèques

En 1974, le squelette d'une femme Australopithèque appelée Lucy, daté de 3 millions d'années, est découvert en Éthiopie.

Voici sa description : légèrement voûtée avec des membres supérieurs plus longs que les nôtres. Malgré sa bipédie, elle grimpe aux arbres comme certaines de ses articulations le montrent. Elle vit en société.

Coppens, Reeves, de Rosnay, Simonnet, *La plus belle histoire du monde*, « Points », Le Seuil, 2001

PARCOURS AVENIR

Les métiers de la nature et du vivant

Quelques métiers

- > Gestionnaire d'un élevage
- > Palefrenier/ère
- > Aquaculteur/trice
- > Animateur/trice Nature
- > Vendeur/euse en animalerie
- > Technicien/ne en gestion et protection de la nature
- > Ouvrier/ère paysagiste
- > Maraîcher/ère
- > Auxiliaire vétérinaire

Présentation du secteur d'activité

Depuis des décennies, la Terre subit une perte de sa biodiversité. La préservation de notre planète passe par la transmission, la protection, la gestion des milieux et des espèces, et par la compréhension du monde vivant. Des métiers se développent autour de l'environnement, du vivant et du bien-être animal. Ils sont liés à quatre notions : observer, élever, soigner et conseiller.

ZOOM SUR... *un métier*

>> Auxiliaire spécialisé/e vétérinaire

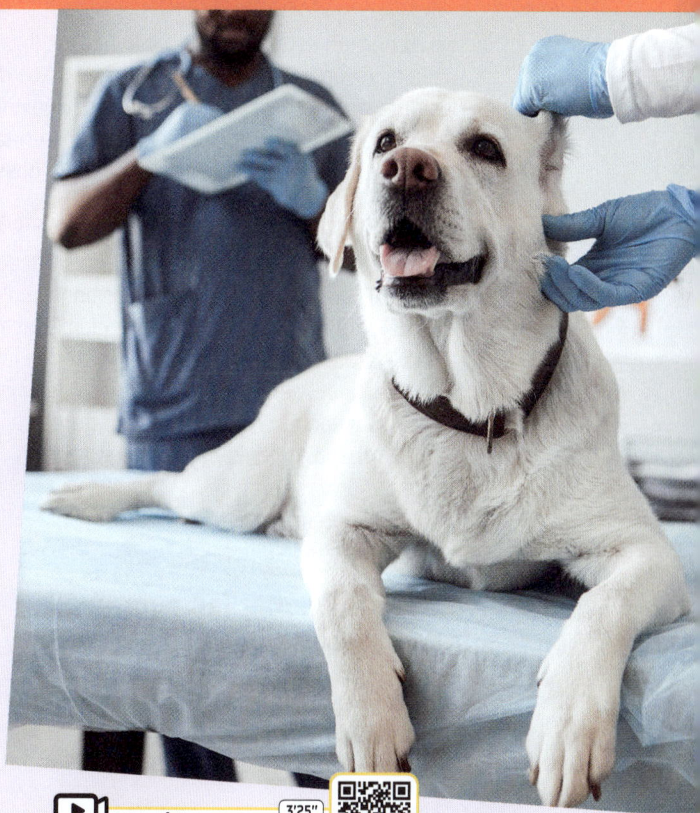

En quoi consiste ce métier ?

L'auxiliaire vétérinaire est la personne qui assiste le vétérinaire et permet le bon fonctionnement de la structure en faisant le lien entre le vétérinaire, le client et le patient.
Il réalise des activités de secrétariat et de gestion, par exemple : prendre les rendez-vous, s'occuper de l'accueil des clients et de leurs animaux, réaliser l'encaissement et la vente de produits vétérinaires, gérer le stock de produits vétérinaires.
Il réalise également des activités de soins en assistant le vétérinaire lors des consultations et lors d'interventions chirurgicales. Il assure également le suivi postopératoire des animaux (réveil, réalimentation, soins, pansements…) Il doit savoir identifier les urgences et assister le vétérinaire tout en rassurant le propriétaire.
Enfin il réalise des activités d'entretien des locaux comme le nettoyage, la désinfection des salles de consultation et des cages, la stérilisation du matériel médical et le nettoyage et la gestion de la salle d'attente.

Quelles sont les formations possibles ?

- Niveau Bac pour entrer en formation (Bac pro TCVA, CGECF, TEA)
- GIPSA APFORM par apprentissage
- Formations en écoles privées (ESAV, VetAgro Sup…)
- Formations à distance (IFSA, CERFPA…)
- Certificat de qualification professionnelle (CQP) pour se perfectionner après le titre ASV

Est-ce un métier fait pour moi ?

- ❑ J'aime les animaux et je suis soucieux/se de leur bien-être.
- ❑ J'ai le sens du contact et suis diplomate.
- ❑ Je suis polyvalent/e, organisé/e, réactif/ve et j'applique mes solides compétences techniques.
- ❑ Je suis patient/e avec une bonne résistance physique.
- ❑ Je sais gérer les émotions.

VIDÉO 3'25''
Auxiliaire spécialisé/e vétérinaire
foucherconnect.fr/23svt95

Quel salaire ?

- 1 600-1 800 € bruts/mois selon l'échelon (3 à 5)

ZOOM SUR… *un métier*

>> Technicien/ne en gestion et protection de la nature

En quoi consiste ce métier ?

Le technicien est passionné par la nature. Il assure la gestion, la valorisation et la préservation de la biodiversité. Il accueille et met en place des activités autour de la nature pour sensibiliser les différents publics à la protection de l'environnement et des espèces. Il peut entretenir des partenariats territoriaux ou intervenir en tant qu'expert. Il doit aussi réaliser des tâches administratives comme la constitution de dossier budgétaire.

Quelles sont les formations possibles ?

- Certificat de spécialisation : tourisme vert, accueil et animation en milieu rural
- BAPAAT (brevet d'aptitude professionnelle d'assistant animateur technicien)
- BPJEPS spécialité Animateur, mention Éducation à l'Environnement
- Bac Pro Gestion des milieux naturels et de la faune
- Bac Techno Sciences et technologies de l'agronomie et du vivant
- BTSA Gestion et protection de la nature
- BTSA Aménagements paysagers
- Licence professionnelle
- Master professionnel
- Formations à distance

VIDÉO 2'48" Animateur nature foucherconnect.fr/23svt96

VIDÉO 2'54" Garde d'espace naturel foucherconnect.fr/23svt97

Est-ce un métier fait pour moi ?

❑ Je suis polyvalent/e.
❑ J'aime travailler en pleine nature.
❑ J'aime observer.
❑ Je suis pédagogue et créatif/ve.

Quel salaire ?

- 1 500-2 500 € bruts/mois

Info +

VIDÉO 18'13" Éducatrice de chiens guide d'aveugle foucherconnect.fr/23svt41

VIDÉO 4'05" Technicien en aquariologie foucherconnect.fr/23svt42

VIDÉO 4'26" Soigneuse animalière foucherconnect.fr/23svt43

chapitre 9

L'activité cardiaque et respiratoire pendant un effort physique

Lorsqu'on effectue un footing, les rythmes cardiaque et respiratoire s'accélèrent. Si on augmente sa vitesse de course en sprintant, on est vite essoufflé et on sent son cœur battre très rapidement.

Pourquoi les rythmes respiratoire et cardiaque augmentent-ils pendant un effort physique ?
Quelles sont les limites de notre organisme ?

- Identifier les besoins des muscles lors d'un effort musculaire.
- Déterminer les modifications des systèmes cardio-vasculaire et respiratoire lors d'un effort physique.

VIDÉO 2'59"
Les modifications physiques à l'effort
foucherconnect.fr/23svt44

C4.1 ACTIVITÉ 1 Quels sont les besoins de nos muscles lorsqu'ils sont en activité ?

1. À l'aide du **document 1**,

1.1 **Calculer** la différence de quantité des éléments contenu dans le sang entrant et sortant du muscle et **remplir** le tableau.

	Muscle au repos	Muscle en activité
Glucose (mg)	....	....
Dioxygène (mL)	....	....
Dioxyde de carbone (mL)	....	....

1.2 **Citer** les éléments nécessaires à un muscle en activité et le principal déchet qu'il produit.

....

DOC • 1 L'irrigation sanguine d'un muscle au repos, puis en activité

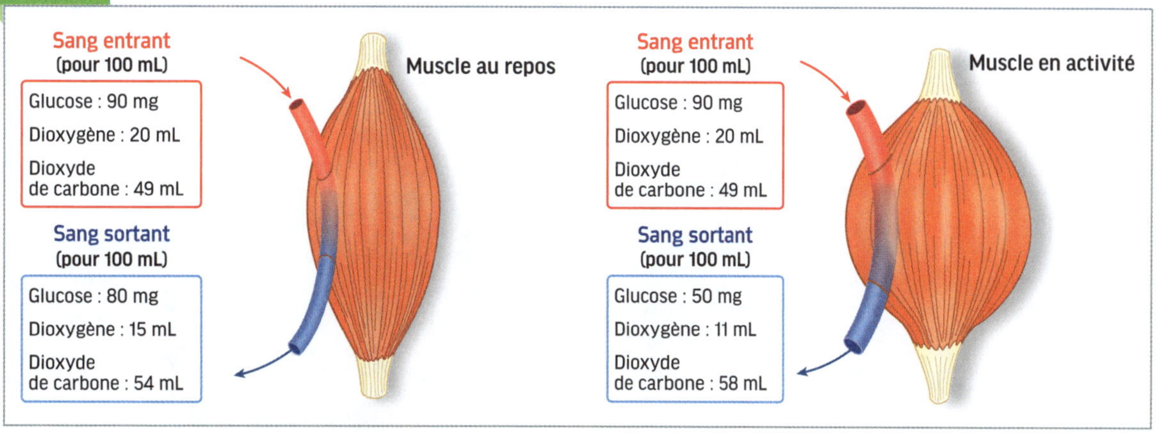

C1. 4 ACTIVITÉ 2 Quelle est la réponse du cœur à une activité physique ?

2. À partir du **document 2**,

2. 1 **Calculer** le débit cardiaque de Mélanie selon son activité physique.

* 1 mL = 0,001 L	Devant la télé	Footing	Sprint de 200 m
Fréquence cardiaque (battements/min)	75	110	200
Volume de sang éjecté à chaque battement (mL*)	70	90	120
Débit cardiaque (L/min)	....	....	....

2. 2 **Expliquer** pourquoi le débit cardiaque augmente avec l'intensité d'un effort.

....

....

DOC • 2 Calcul du débit cardiaque

Débit cardiaque = Fréquence cardiaque × Volume de sang éjecté à chaque battement

C1. 4 ACTIVITÉ 3 Quelle est la réponse des poumons à une activité physique ?

3. À l'aide des **documents 3** et **4**,

3. 1 **Remplir** le tableau suivant.

	Au repos	Lors d'un effort physique
Rythme respiratoire (Nombre d'inspirations/min)	....	....
Volume d'air inspiré (L)	....	....
Débit respiratoire (L/min)	....	....

3. 2 **Expliquer** pourquoi le débit respiratoire augmente lors d'un effort physique.

....

DOC • 3 Volume d'air inspiré et fréquence respiratoire (spirogramme), au repos et lors d'un effort physique

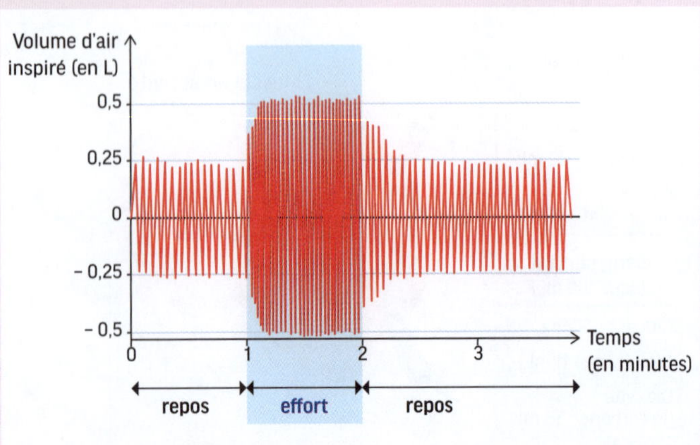

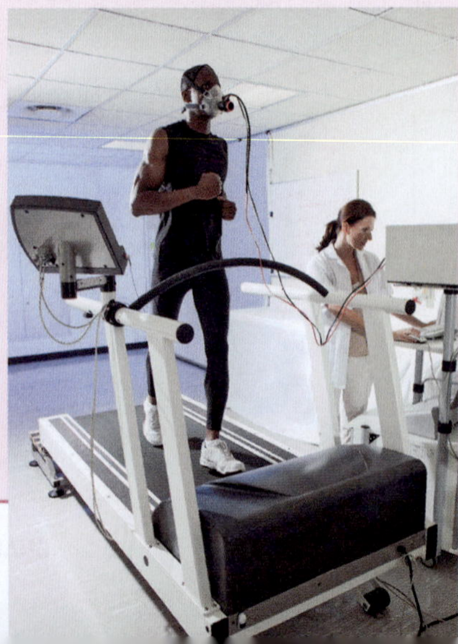

DOC • 4 Calcul du débit respiratoire

Débit respiratoire = Rythme respiratoire × Volume d'air inspiré

J'EXPÉRIMENTE

* En position assise, comptez le nombre de battements qu'effectue votre cœur pendant 1 minute, en prenant votre pouls au poignet.
* Levez-vous et effectuez vingt flexions de jambes (ou *squats*) rapidement.
* Comptez à nouveau le nombre de pulsations de votre cœur en 1 minute.
* Qu'observez-vous ?
* Explication : le rythme cardiaque augmente afin d'apporter plus d'O_2 et de glucose aux muscles.

C4. 2 ACTIVITÉ 4 Comment le sang circule-t-il ?

4. À l'aide du **document 5**,

4. 1 **Légender** le schéma avec les mots en gras dans le texte.

4. 2 **Signaler** par des flèches le sens de la circulation sanguine.

4. 3 **Colorier** le sang riche en O_2 et pauvre en CO_2 en rouge, puis le sang pauvre en O_2 et riche en CO_2 en bleu.

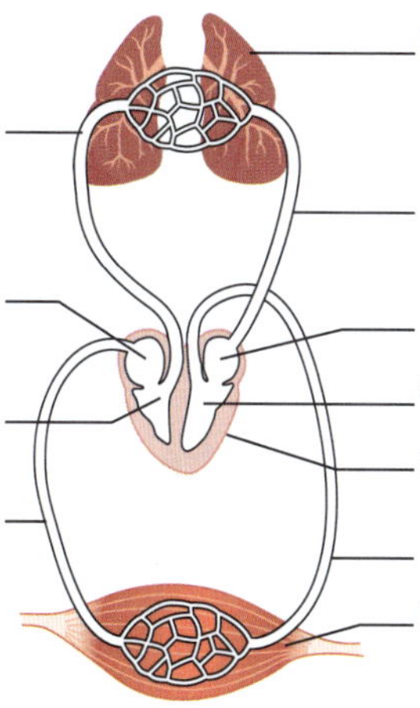

4. 4 **Déterminer** les définitions d'une artère et d'une veine.

....

....

....

DOC • 5 Organisation de l'appareil cardio-vasculaire

Le sang est un liquide qui permet d'apporter du dioxygène (O_2) et des nutriments à chacune de nos cellules. Il permet aussi d'évacuer les déchets produits par nos cellules, tels que le dioxyde de carbone (CO_2). Pour cela, il doit effectuer le tour de l'organisme. C'est pourquoi on parle de circulation sanguine. Le sang est d'abord éjecté par le ventricule gauche dans l'**artère aorte**. Il arrive alors aux organes, dont les muscles, auxquels il fournit de l'O_2 et dont il récupère le CO_2 produit par les cellules. Le sang est ensuite acheminé jusqu'à l'**oreillette droite** du cœur, grâce notamment à une grosse veine appelée **veine cave**. De là, le sang est successivement éjecté dans le **ventricule droit**, puis dans l'**artère pulmonaire**, et va ainsi rejoindre les poumons. Il y capte l'O_2 de l'air inspiré et y libère le CO_2. Le sang riche en O_2 rejoint ensuite l'**oreillette gauche** grâce à une **veine pulmonaire**, puis le ventricule gauche. Le sang fait ainsi continuellement le tour de l'organisme.

C4.1 ACTIVITÉ 5 Quelles sont les limites de notre organisme à l'effort ?

5. À partir des **documents 6** et **7**,

5. 1 **Citer** les effets ressentis lors d'un exercice physique intense.

....

5. 2 **Calculer** la fréquence cardiaque maximale d'un adolescent de 15 ans et celle d'un individu de 45 ans.

....

5. 3 **Citer** les effets de l'entraînement sur les performances sportives d'un individu.

....

DOC • 6 Les limites de notre organisme à l'effort

Lors d'un **effort physique intense**, la consommation d'O_2 atteint une **limite maximale** appelée **VO_2max** (volume de dioxygène maximum). Au-delà de cette limite, la quantité d'O_2 arrivant aux muscles n'est plus suffisante pour qu'ils produisent de l'**énergie**. On est vite essoufflé et nos muscles élaborent des substances toxiques (dont l'acide lactique), responsables d'une rapide **sensation de fatigue**. Le VO_2max dépend des capacités cardiaque et respiratoire de chaque individu. Il varie donc en fonction de l'entraînement et de l'âge.

DOC • 7 Estimation de la fréquence cardiaque maximale (en battements par minute)

FCmax = 220 – Âge en années

C4.1 ACTIVITÉ 6 Comment le rythme cardiaque est-il contrôlé ?

6. À l'aide du **document 8**, **remettre** les phrases suivantes dans le bon ordre.

.....	**a)** Le rythme cardiaque s'accélère.
.....	**b)** Lors d'une activité physique, les muscles utilisent du dioxygène.
.....	**c)** La quantité de dioxygène diminue dans le sang.
.....	**d)** Un message nerveux part de l'artère aorte vers le système nerveux central.
.....	**e)** Le système nerveux renvoie un message nerveux adapté au cœur.
.....	**f)** La diminution de dioxygène dans le sang est détectée au niveau de l'artère aorte.
.....	**g)** La quantité d'O_2 arrivant aux muscles augmente.

DOC • 8 La régulation nerveuse du rythme cardiaque

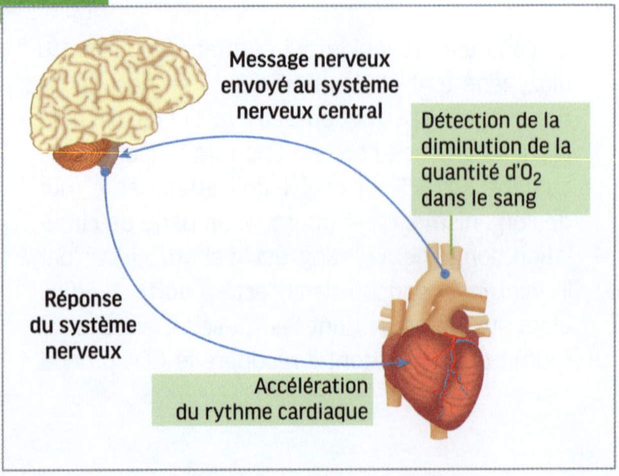

BiLAN

Je retiens

• Le **système cardio-vasculaire** permet de faire circuler le sang dans l'organisme afin d'apporter à toutes les cellules du **dioxygène** (O_2) et des **nutriments** et d'en récupérer les déchets (**dioxyde de carbone** : CO_2).

• Lors d'un effort physique, nos muscles ont besoin d'une grande quantité de dioxygène et de nutriments (glucose) pour produire de l'**énergie**. Afin de répondre à ces besoins, le **rythme respiratoire** et le volume d'air inspiré augmentent et permettent d'enrichir ainsi le sang en dioxygène. Dans le même temps, le **rythme cardiaque** et le volume de sang éjecté par le cœur augmentent afin d'apporter plus de sang et donc de dioxygène aux muscles.

• Cependant, notre organisme connaît des **limites** à l'effort physique. Celles-ci dépendent principalement de la quantité maximale de dioxygène qui peut être apportée à nos muscles par le sang. Cette quantité peut être améliorée par l'**entraînement** et diminue progressivement avec l'âge.

J'apprends par le schéma

Les débits cardiaque et respiratoire au repos et en activité

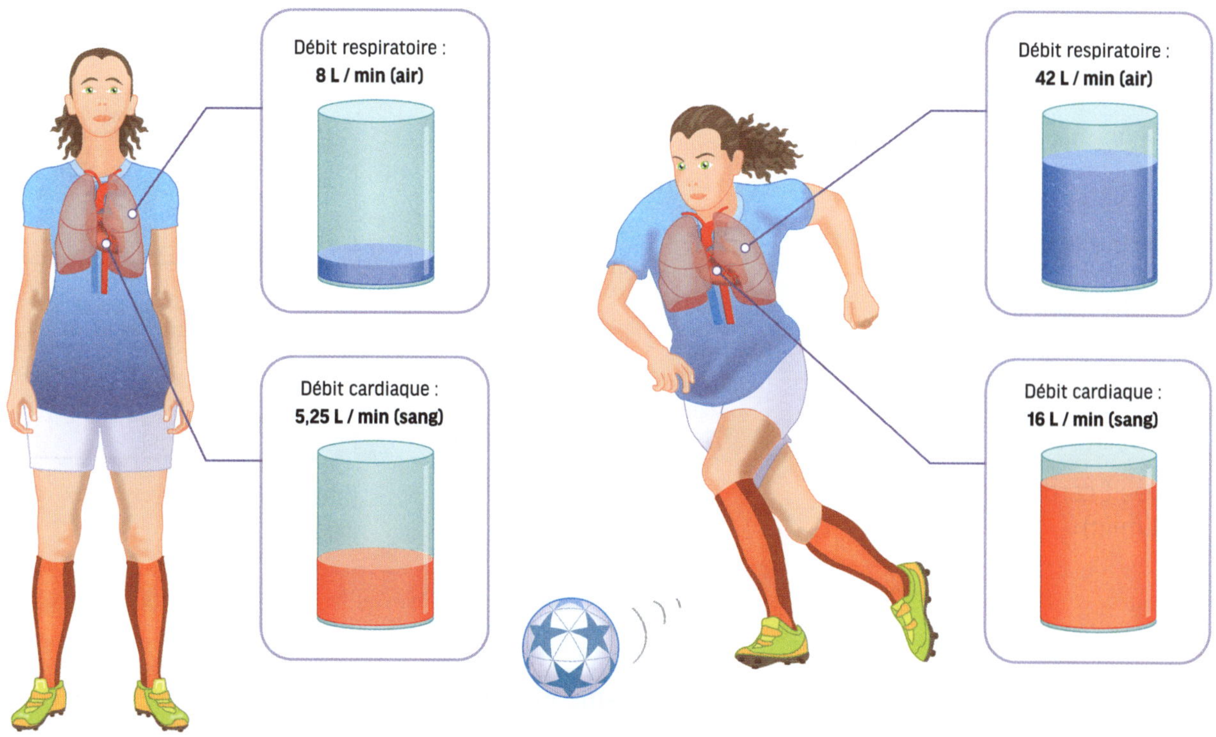

MÉMO AUDIO
foucherconnect.fr/23svt45

QUIZ INTERACTIF
foucherconnect.fr/23svt46

Je vérifie mes connaissances

1 Numéroter dans l'ordre les éléments ci-dessous, qui correspondent au trajet d'une goutte de sang partant des poumons. Puis entourer les numéros correspondant à du sang riche en dioxygène en rouge et ceux correspondant à du sang pauvre en dioxygène en bleu.

Poumons	1
Veine cave	....
Artère aorte	....
Oreillette gauche	....
Ventricule droit	....
Veine pulmonaire	....
Artère pulmonaire	....
Muscles	....
Ventricule gauche	....
Oreillette droite	....

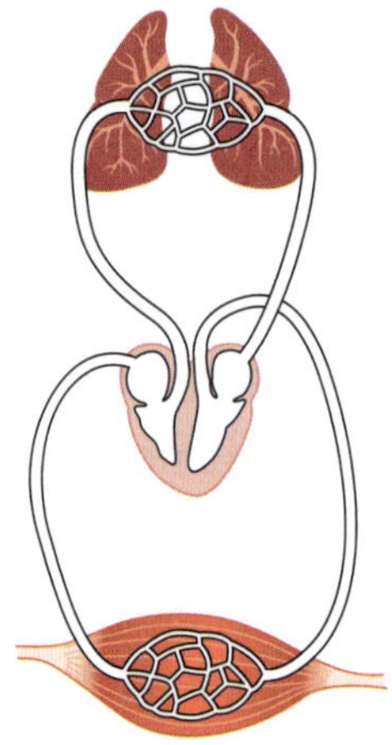

J'applique mes connaissances

2 À l'aide du document, remplir le tableau ci-dessous.

	Position debout	Jogging (8 km/h)	Course (12 km/h)
Fréquence cardiaque (battements/min)	....	....	....
Volume de sang éjecté à chaque battement (mL)	....	....	....
Débit cardiaque (L/min)	....	....	....

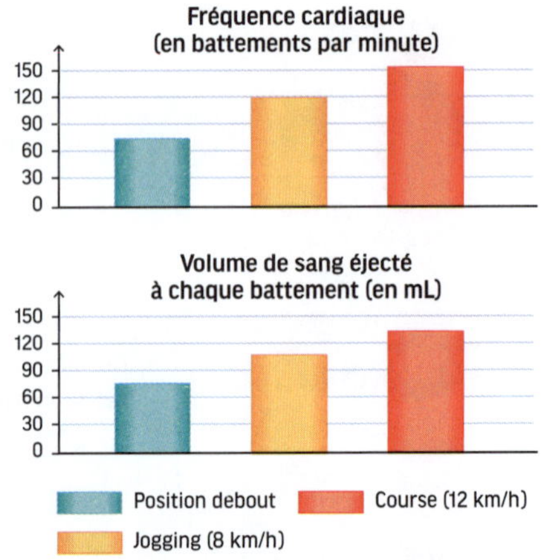

3 Cocher les bonnes réponses.

Lors d'un effort physique, le débit cardiaque augmente afin :

a. d'apporter davantage de dioxyde de carbone aux muscles. ☐

b. d'apporter davantage de dioxygène aux muscles. ☐

c. d'apporter davantage de nutriments vers le foie. ☐

d. d'apporter davantage de dioxyde de carbone vers les poumons. ☐

chapitre 10

La communication nerveuse

Dans notre vie quotidienne, nous recevons de multiples stimulations de notre environnement, par exemple la sonnerie de l'établissement scolaire.

Comment notre corps perçoit-il ces stimulations ?
Quels organes nous permettent d'élaborer des réponses à ces stimulations ?

- Appréhender le fonctionnement du système nerveux à travers les différents organes des sens.
- Relier quelques comportements à leurs effets sur le fonctionnement du système nerveux.

VIDÉO 5'30''
Le système nerveux
foucherconnect.fr/23svt47

C4.1 ACTIVITÉ 1 Comment percevons-nous notre environnement ?

1. À partir de vos connaissances, **relier** chaque sens à l'organe correspondant.

 • • Vue

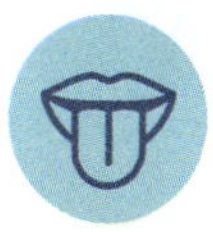 • • Toucher

 • • Goût

 • • Odorat

 • • Ouïe

2. À partir du **document 1**, **compléter** le tableau suivant.

Sens	Vue	Goût	Odorat	Ouïe	Toucher
Organe sensoriel	....	....	....	....	....
Stimulus	....	....	....	....	....

DOC • 1 Les différents stimuli

Pour chacun de nos sens, il existe un organe sensoriel : peau, oreille, nez, langue et œil. Ces organes sont constitués de **récepteurs** sensoriels qui réagissent à un **stimulus** comme la saveur, l'odeur, la lumière et les couleurs, le son, la température et la pression.

DICO SCIENCES

- **Récepteur** : structure cellulaire permettant de percevoir un stimulus.
- **Stimulus (stimuli au pluriel)** : modification de l'environnement perçue par notre organisme.

C4. 1 **ACTIVITÉ 2**

Comment le système nerveux transmet-il l'information perçue du récepteur aux muscles ?

3. À partir du **document 2**, **citer** l'organe d'où part le nerf sciatique, puis l'organe en contact avec l'extrémité du nerf.

....

DOC • 2 **Dissection d'une grenouille**

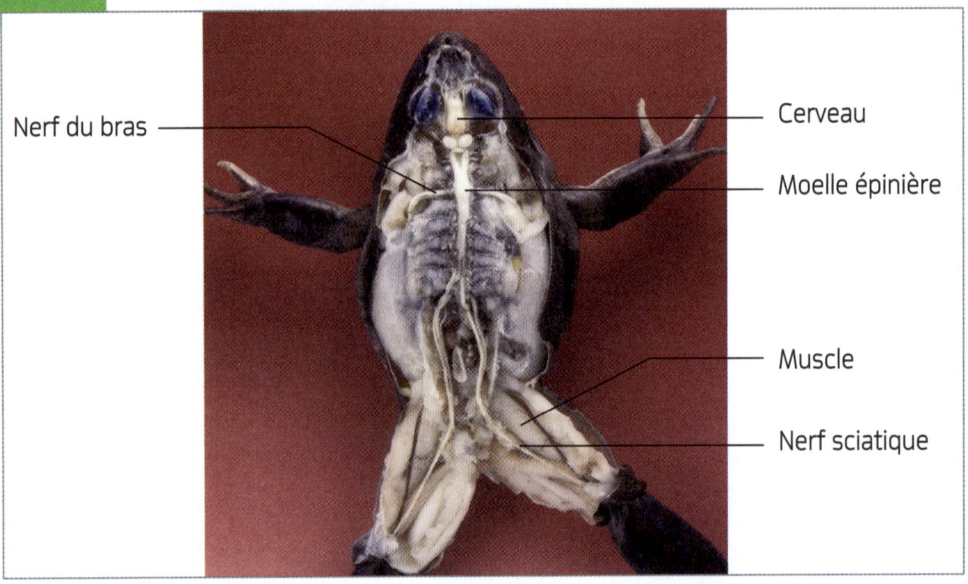

4. À partir du **document 3**, **légender**, sur le schéma ci-dessous, les organes du système neveux central en bleu et les organes du système nerveux périphérique en rouge.

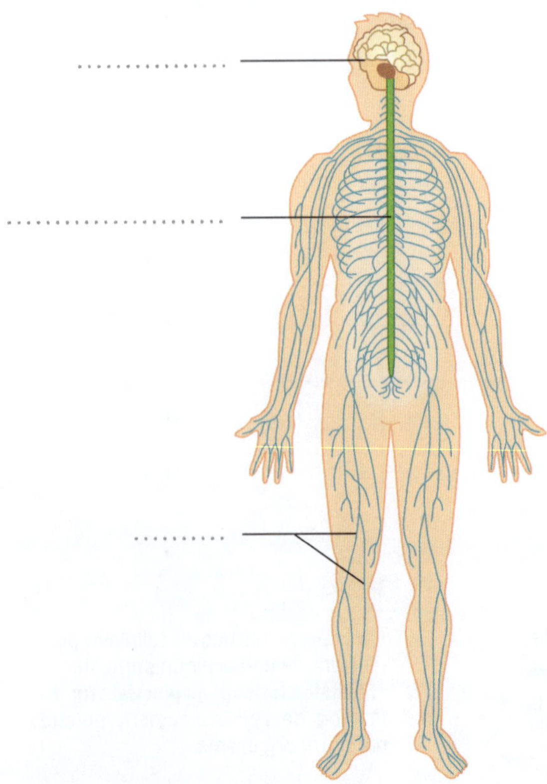

DOC • 3 **Le système nerveux**

Le système nerveux est composé de deux parties :

- le **système nerveux central**, qui comprend le cerveau et la moelle épinière (**centres nerveux**) ;
- le **système nerveux périphérique**, qui est constitué par les nerfs.

Il existe deux types de **nerfs** :

- les **nerfs sensitifs**, qui envoient le message nerveux sensitif de l'organe sensoriel (récepteur sensoriel) au système nerveux central ;
- les **nerfs moteurs**, qui transmettent le message nerveux moteur du système nerveux central aux organes effecteurs comme les muscles.

Trajet du message nerveux

Stimulus → Organe sensoriel → (Nerf sensitif) → Système nerveux central → (Nerf moteur) → Organe effecteur → Réponse

DICO SCIENCES

***Centres nerveux** : organes (cerveau et moelle épinière) qui analysent le message nerveux sensitif pour créer une réponse.
***Nerf** : ensemble de fibres nerveuses conduisant un message nerveux dans le corps.

5. À partir du **document 4**,

5. 1 **Légender** sur le dessin ci-contre :
- les deux centres nerveux ;
- l'élément qui relie l'œil aux centres nerveux ;
- l'élément qui relie les centres nerveux au muscle.

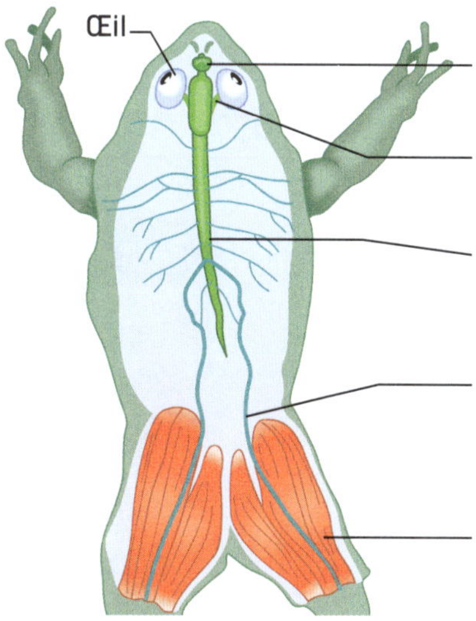

5. 2 **Flécher** le trajet de l'information nerveuse du récepteur jusqu'au muscle.

5. 3 **Compléter** le texte avec les mots suivants, pour expliquer le trajet de l'information nerveuse : *muscles* ; *sensoriel* ; *cerveau* ; *optique* ; *message* ; *moteur.*

L'œil est un organe .... qui perçoit un stimulus et transmet l'information au nerf .... (nerf sensitif), qui crée un .... nerveux sensitif. Ce nerf est relié directement à un centre nerveux, le .... En réponse, le cerveau crée un message .... qui descend vers la moelle épinière, puis qui est transmis aux .... par un nerf moteur.

DOC • 4 Danger : trajet du message nerveux

Une grenouille se repose au bord d'une mare. Lorsqu'un enfant s'approche, elle le voit (stimulus visuel) et saute dans l'eau (réponse de fuite). Le récepteur, ici l'œil, perçoit une stimulation visuelle qu'il transmet au système nerveux sous forme de message nerveux. C'est le système nerveux qui a permis à la grenouille de fuir.

6. Durant un match de football, un gardien de but doit réagir très rapidement.
Tracer dans son bras gauche (sur le dessin ci-contre) :
- le trajet du message nerveux sensitif en bleu ;
- le trajet du message nerveux moteur en rouge.

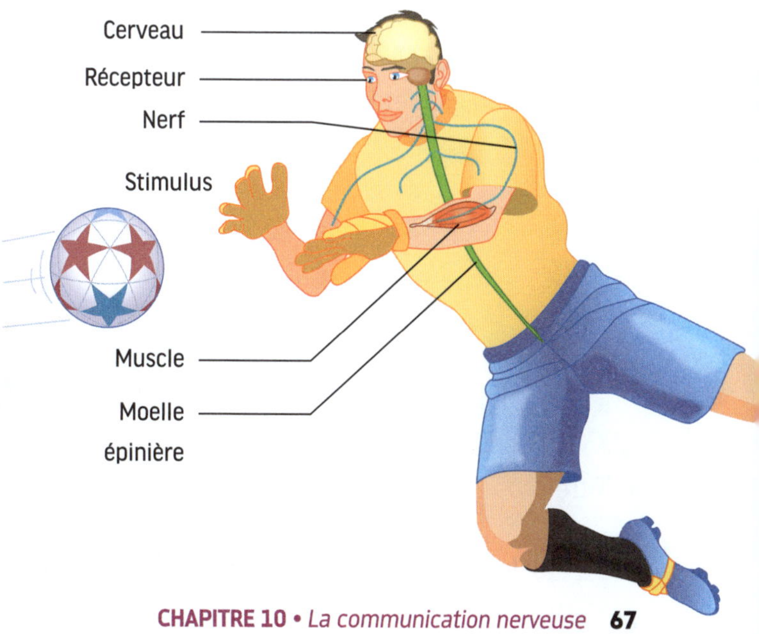

C1. 4 **ACTIVITÉ 3**

Comment le système nerveux crée-t-il un message nerveux et le propage-t-il ?

7. À partir du **document 5** et de la **vidéo**, **légender** le schéma ci-dessous et lui **donner** un titre.

Titre : ....

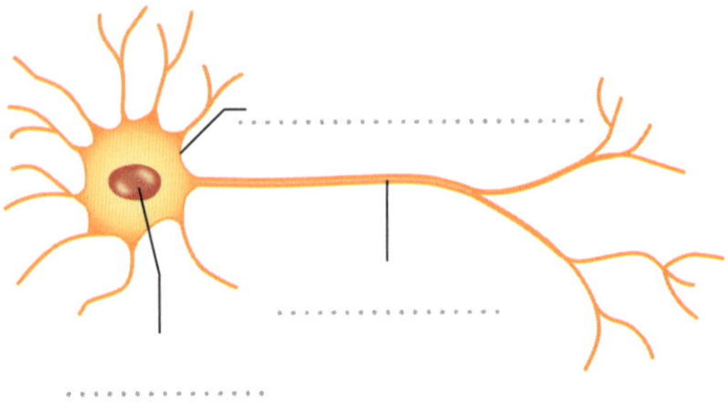

DOC • 5 **Les cellules du système nerveux**

VIDÉO 2'58"
Le neurone
foucherconnect.fr/23svt48

Le système nerveux est composé de milliards de cellules nerveuses appelées « **neurones** ».

Ces neurones créent et transmettent les messages nerveux. Ils fonctionnent sous forme de réseaux car ils établissent un grand nombre de connexions entre eux.

Un neurone est une cellule composée au centre d'un **noyau** et délimitée par une **membrane plasmique**, prolongée par un **axone**. À son extrémité se trouvent des synapses, qui lui permettent de se connecter aux autres neurones.

DOC • 6 **Un réseau de neurones**

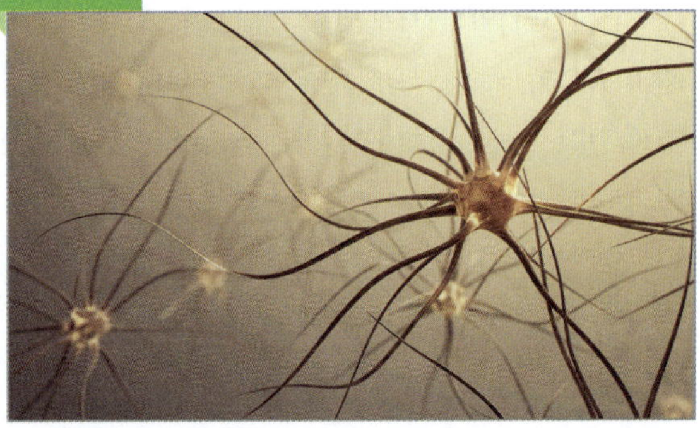

8. Sur le **document 6**, **entourer** un neurone.

9. **Compléter** le texte ci-dessous avec les mots suivants : *adaptée* ; *plusieurs* ; *reliés* ; *stimulations*.

On parle de réseau car les neurones sont .... les uns aux autres. Chaque neurone est connecté avec .... neurones. Cette communication sous forme de réseau permet de recevoir plusieurs .... et de donner une réponse .... aux diverses situations en privilégiant les situations prioritaires.

10. À partir du **document 7**,

10. 1 **Légender** le schéma ci-dessous avec les mots en gras et lui **donner** un titre.

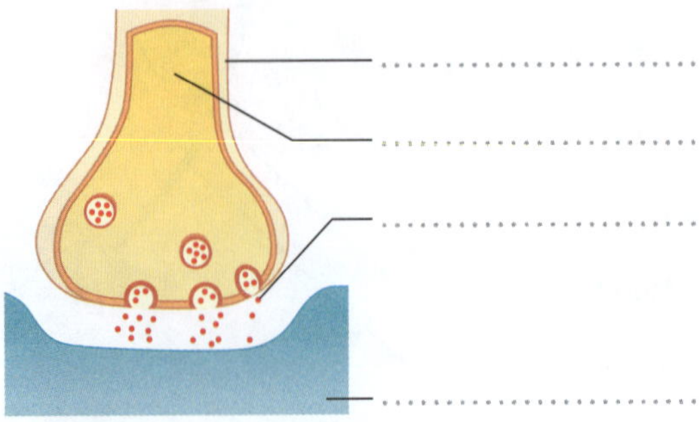

Titre : ....

10. 2 **Indiquer** par une flèche rouge le trajet du message nerveux.

DOC • 7 **La zone de contact entre deux neurones**

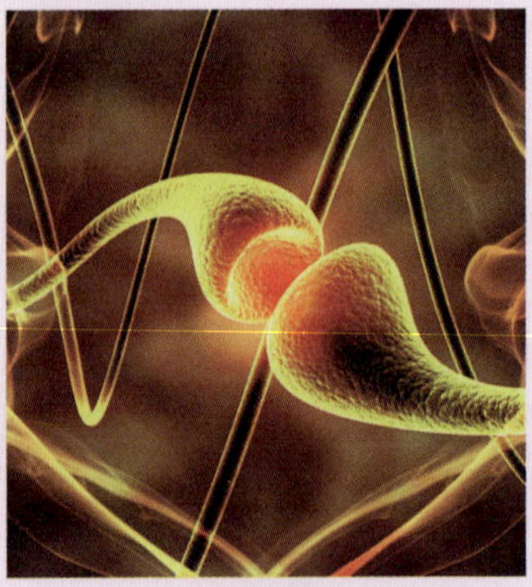

Un **neurone 1** transmet le **message nerveux** à un **neurone 2** en produisant et en libérant des **messagers chimiques** au niveau des synapses. Ces messagers chimiques transforment le stimulus en message nerveux chimique. La synapse est donc une zone de contact et de communication chimique entre deux neurones.

VIDÉO 3'24"
Le message nerveux
foucherconnect.fr/23svt49

BILAN

Je retiens

• Nous percevons notre environnement à l'aide de nos cinq sens. Lorsque l'on reçoit une stimulation de cet environnement, elle est perçue par un **organe sensoriel** qu'on appelle **récepteur**.

• Un récepteur stimulé crée un **message nerveux** sensitif qui est transmis par un **nerf sensitif** jusqu'au cerveau. On sélectionne les informations prioritaires.

• L'information est ensuite analysée et distribuée par la moelle épinière jusqu'aux muscles grâce à un **nerf moteur**. En se contractant, les muscles permettent d'effectuer un mouvement adapté qui répond à la stimulation.

• Le système nerveux est composé d'un **système nerveux central** (cerveau, moelle épinière) et d'un **système nerveux périphérique** (nerfs). Ce système est composé de cellules appelées « **neurones** » qui créent et conduisent les messages nerveux. Les neurones sont composés d'une partie terminale, la synapse, qui permet la transmission du message nerveux entre deux neurones ainsi qu'entre un neurone et une cellule musculaire.

J'apprends par le schéma

La communication nerveuse au sein de notre organisme

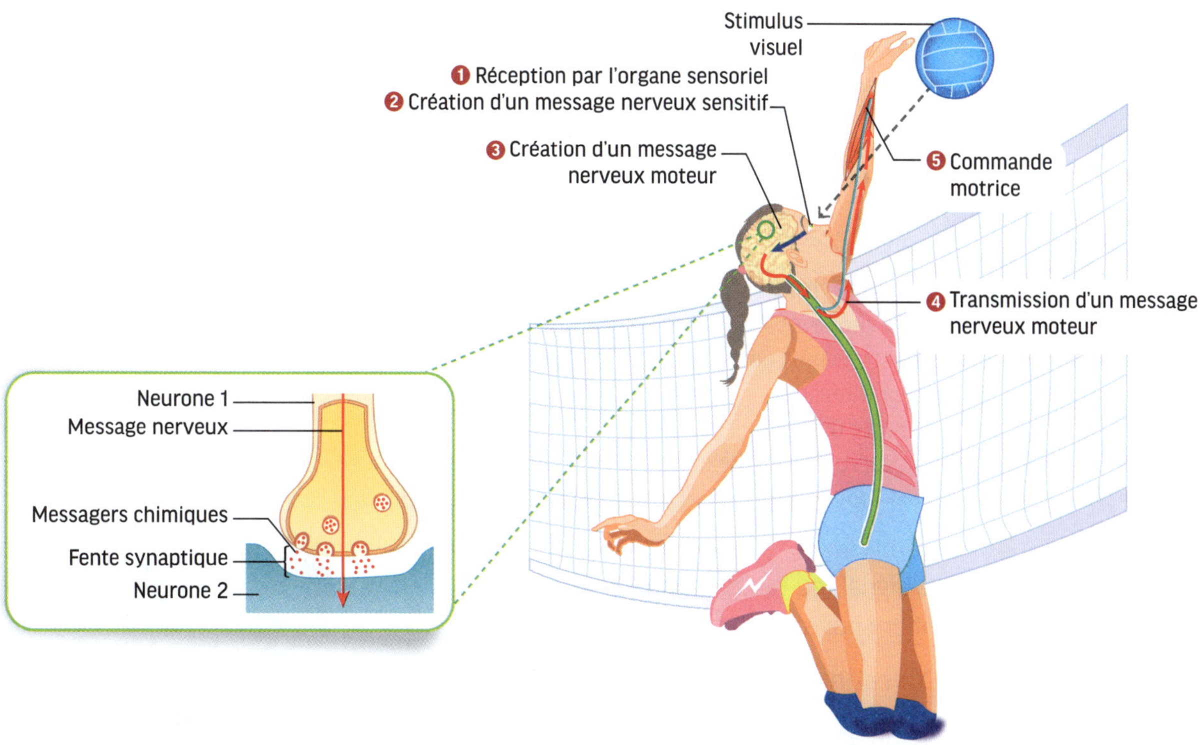

MÉMO AUDIO foucherconnect.fr/23svt50

QUIZ INTERACTIF foucherconnect.fr/23svt51

Je m'entraîne

Je vérifie mes connaissances

1 **Classer les termes suivants dans le tableau : moelle épinière, œil, muscle, langue, cerveau, main.**

Récepteur sensoriel	Centre nerveux	Effecteur
....	....	....
....	....	....
....	....	....

J'applique mes connaissances

2 **À partir du document ci-dessous, répondre aux questions suivantes.**

1. Quel stimulus est utilisé dans cette expérience ?

....

2. Pourquoi cette expérience donne-t-elle deux résultats différents ?

....

....

....

....

Expériences de Magendie sur la commande nerveuse

François Magendie (1723-1855) est un des fondateurs de la physiologie expérimentale. Il a effectué de nombreux travaux sur la commande nerveuse. Voici une de ses expériences sur les grenouilles.

Sur la première grenouille, il effectue un pincement de la patte droite et il observe une réponse immédiate de flexion de la patte. Sur la seconde grenouille, il sectionne le nerf moteur de la patte droite puis pince la patte droite et n'observe aucune flexion.

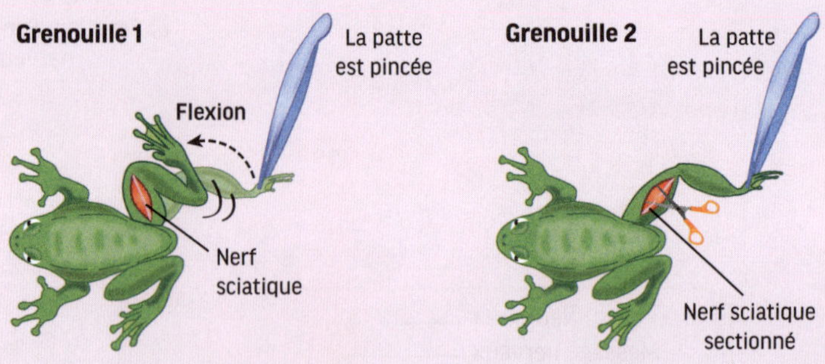

3 Un cycliste voit le signal feu rouge (stimulus visuel). Il va réagir et freiner pour s'arrêter (réponse).

Répondre aux questions suivantes.

1. Compléter le schéma des organes concernés par cette action.

Œil → .... → .... → .... → Main

2. Surligner le message sensitif en bleu et le message moteur en rouge.

chapitre 11

Conduites à risques et système nerveux

L'environnement nous expose à des situations à risques, qui peuvent perturber la communication nerveuse. Ce dysfonctionnement a des conséquences néfastes sur la santé.

Quelles situations peuvent altérer le système nerveux ?
Quelles sont les conséquences sur notre corps et comment nous protéger ?

- Relier les conduites addictives à leurs effets sur le système nerveux.
- Connaître les intérêts des politiques de santé publique pour adopter une attitude responsable.

VIDÉO 3'00"
Addiction et neuroplasticité - Level 1
foucherconnect.fr/23svt52

C1.4 C1.2 ACTIVITÉ 1 Comment la fatigue influe-t-elle sur le système nerveux ?

1. À partir du **document 1**, **observer** les temps de réaction de Léa, Myriam et Amélie. Quel constat peut-on faire ?

....

....

....

2. À l'aide du **document 2**, **poser** une hypothèse sur une cause de **fatigue** en classe.

....

....

....

....

3. **Conclure** sur le rôle du **sommeil** en vous aidant du **dico sciences** et des **documents 1** et **2**.

....

....

....

....

DICO SCIENCES

* **Fatigue** : état physiologique qui diminue les capacités physiques et intellectuelles.
* **Sommeil** : état contraire à l'éveil qui se compose de cycles et assure une récupération physique et nerveuse.

DOC • 1 Étude des temps de réaction d'élèves reposés et non reposés

On a mis trois élèves dans deux situations différentes, soit reposées soit en manque de sommeil, puis on a mesuré leur temps de réaction sur un simulateur face à un danger.

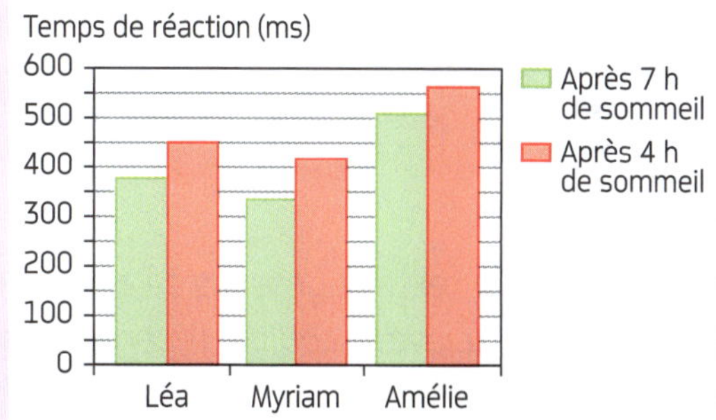

DOC • 2 L'activité nocturne d'un adolescent

C1. 4
C6. 2

ACTIVITÉ 2 Quels sont les effets du bruit sur l'appareil auditif et le système nerveux ?

4. À partir du **document 3** et de la **vidéo**, sur le schéma ci-dessous, **flécher** le trajet d'un **son** et **entourer** le récepteur.

VIDÉO 2'37"
Système auditif
foucherconnect.fr/23svt53

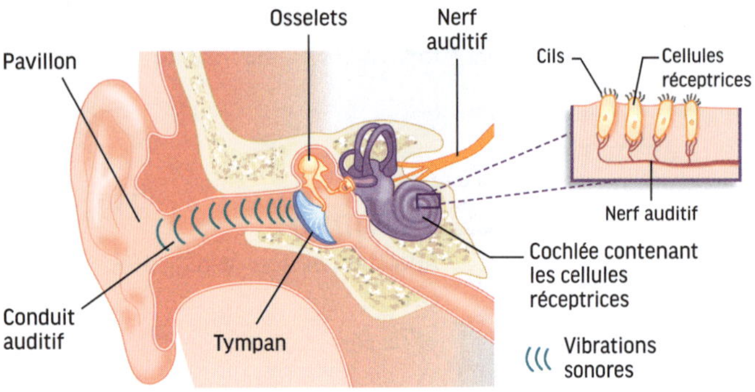

DOC • 3 L'anatomie interne de l'oreille

Les sons sont captés par le **pavillon** de l'oreille externe, puis transmis au **tympan** qui va vibrer. Ces vibrations passent par les **osselets** et vont jusqu'aux cellules réceptrices : les **cellules ciliées** situées dans la cochlée. Ces cellules transforment le son en influx nerveux, qu'elles transmettent au cerveau par le **nerf auditif**.

5. À partir du **document 4**,

5. 1 **Relever** deux **bruits** auxquels vous êtes exposés quotidiennement.

....

....

5. 2 **Citer** le niveau sonore qui correspond à la limite de **nocivité** et donner un exemple de situation.

....

....

DOC • 4 Échelle du niveau sonore (en dB)

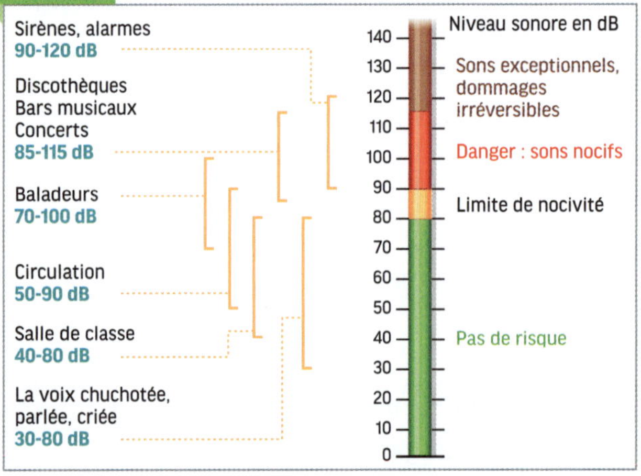

6. **Compléter** le texte ci-dessous à l'aide du **document 5** et des mots suivants : *cerveau ; cellules ciliées ; **surdité** ; élevés ; auditif ; récepteurs sensoriels ; perturbée.*

Les cellules sensorielles des oreilles sont munies de cils. Ces cils transmettent par vibrations le stimulus en produisant un message nerveux sensitif qui se dirige vers le nerf .... jusqu'au .... Des sons trop .... détruisent les .... de manière irréversible. Petit à petit, nos .... disparaissent, la communication nerveuse est .... Ces lésions peuvent entraîner une ....

DOC • 5 Les effets du bruit sur les cellules ciliées

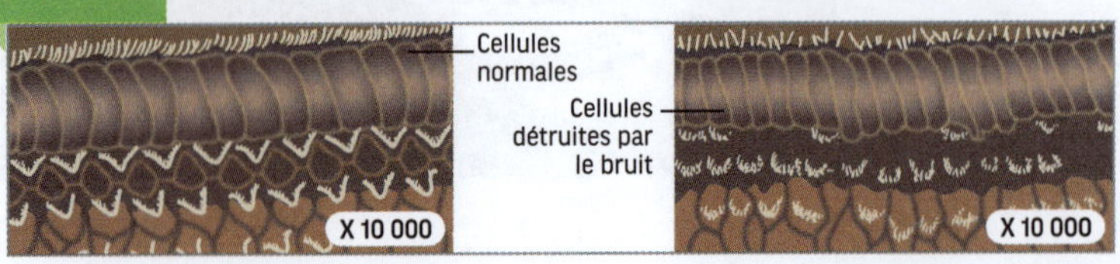

DICO SCIENCES

- **Bruit** : sensation auditive qui peut être gênante.
- **Son** : ensemble de vibrations qui se propagent sous forme d'ondes.
- **Surdité** : diminution de la capacité à percevoir et/ou analyser les sons.
- **Nocivité** : élément qui est dangereux ou nuisible.

7. À partir du **document 6**,

VIDÉO 2'30''
Comment se déroule un dépistage auditif ?
foucherconnect.fr/23svt54

7. 1 **Relever** le nom de l'analyse médicale effectuée.

7. 2 **Comparer** les résultats des audiogrammes de Mathéo et Kylian.

7. 3 **Conclure** sur l'**audition** de Kylian.

DICO SCIENCES

* **Audition** : capacité à entendre un son aigu ou grave.

DOC • 6 Résultats d'un audiogramme

Mathéo et Kylian réalisent un audiogramme dont les résultats sont présentés ci-contre. C'est une analyse médicale permettant de détecter les seuils de perception des sons, c'est-à-dire la valeur du stimulus à partir de laquelle ils perçoivent une stimulation.

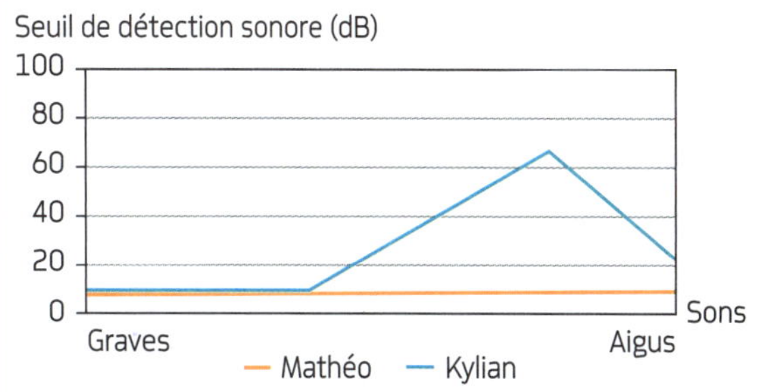

8. À partir du **document 7**,

8. 1 **Expliquer** le rôle d'une campagne de prévention.

8. 2 **Citer** une mesure individuelle et une mesure collective de prévention.

DOC • 7 Campagne de prévention et réglementation

La loi limite à 105 dB l'intensité sonore des boîtes de nuit et à 100 dB celle d'un baladeur.

Mesures de prévention

- En boîte de nuit ou lors d'un concert :
  – rester à distance des haut-parleurs et faire des pauses en zone calme ;
  – utiliser des protections individuelles (bouchons anti-bruit).
- Baisser le volume des baladeurs et limiter le temps d'écoute.
- Faire des pauses.
- Journée nationale de l'audition.

VIDÉO 3'35''
Le bruit, mon fardeau
foucherconnect.fr/23svt55

C1. 4
C6. 2

ACTIVITÉ 3 Quels sont les effets des drogues sur le système nerveux et le comportement ?

9. D'après le **document 8**, **expliquer** l'action de l'alcool sur le cerveau en comparant les IRM.

....

VIDÉO 3'08"
Système de récompense et addiction
foucherconnect.fr/23svt56

10. À partir des **documents 8** et **9**, **compléter** le texte suivant :

L'alcool ou les drogues comme .... inactivent certaines zones du cerveau, comme celle du jugement. Ils .... la transmission des messages nerveux, en .... la libération des .... Mais dans d'autres zones comme celle du ...., ces substances augmentent la quantité de messagers chimiques. On en conclut que la consommation de .... altère la communication nerveuse et entraîne des changements dans la perception de l'environnement comme le jugement ou le plaisir.

DOC • 8 IRM du cerveau de deux individus

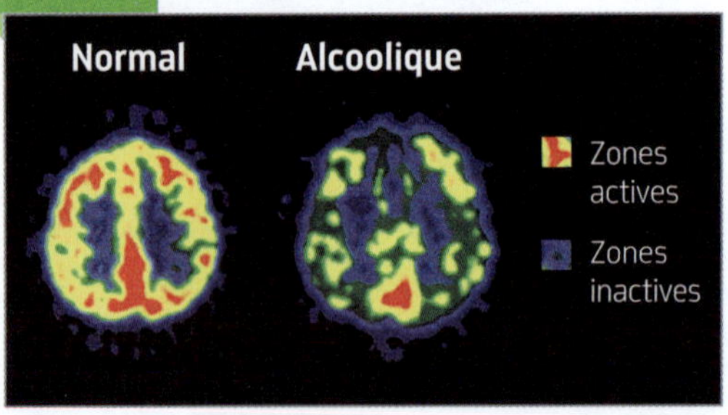

DOC • 9 Actions de l'alcool et du cannabis au niveau des synapses

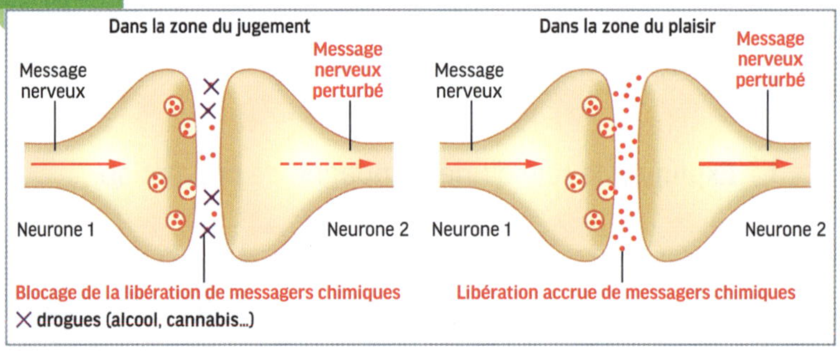

11. D'après le **document 10**,

11. 1 **Expliquer** la limite légale de 0,5 g/L pour la consommation d'alcool.

....

11. 2 **Conclure** sur les effets des drogues sur la conduite.

VIDÉO 4'44"
Apprendre la sécurité routière en voiture
foucherconnect.fr/23svt57

....

....

DOC • 10 L'effet des drogues sur la conduite

Quantité d'alcool dans le sang (en g/L)	Multiplication du risque d'accident
< 0,5	× 2,7
0,5 à 0,8	× 6,3
0,8 à 1,2	× 7,6

BiLAN

Je retiens

• Le système nerveux est soumis à certaines agressions environnementales :
– le **manque de sommeil** perturbe la concentration, la vigilance et l'humeur de l'individu ;
– l'**exposition répétée à des niveaux sonores très élevés** détruit les cellules ciliées de l'oreille. Cette destruction empêche la création du message nerveux sensitif et la mise en place d'une communication nerveuse ; ce qui provoque des lésions auditives irréversibles (surdité) ;
– la **consommation de drogues** modifie l'activité cérébrale, la perception et le comportement d'un individu. Certaines drogues libèrent des molécules qui perturbent la transmission du message nerveux. Ce processus inactive certaines zones du cerveau mais en suractive d'autres, comme celle du plaisir.

• L'ensemble de ces perturbations est particulièrement dangereux dans le cas de la conduite d'un véhicule mais aussi dans les relations aux autres.

• Une **prise de conscience** est nécessaire pour préserver le système nerveux et ne pas s'exposer ou exposer les autres à des risques.

J'apprends par le schéma

Les facteurs de perturbation de la communication nerveuse

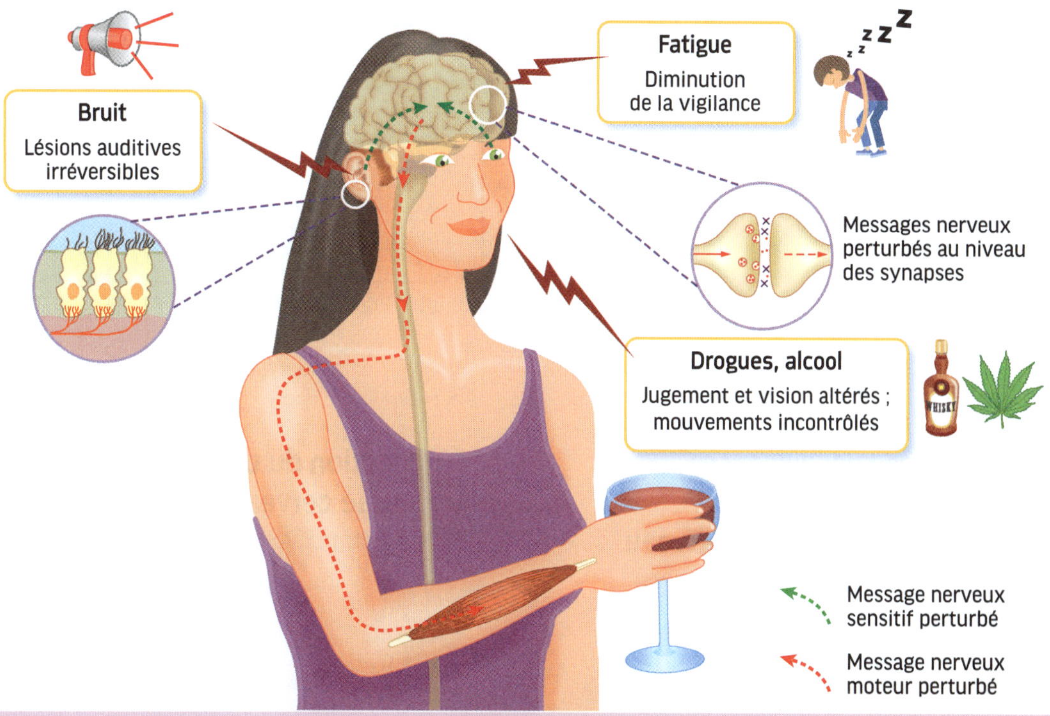

MÉMO AUDIO foucherconnect.fr/23svt58

QUIZ INTERACTIF foucherconnect.fr/23svt59

Je vérifie mes connaissances

1 Cocher la bonne réponse.

	Vrai	Faux
a. Le bruit est un facteur de perturbation du système nerveux.	☐	☐
b. Le sommeil n'a pas d'influence sur la mémoire.	☐	☐
c. L'utilisation du casque audio tous les jours à fort volume est déconseillée.	☐	☐
d. Les cellules ciliées transmettent le message nerveux moteur.	☐	☐
e. L'alcool bloque la transmission du message nerveux au niveau des synapses.	☐	☐
f. Le cannabis inactive de nombreuses zones du cerveau.	☐	☐

J'applique mes connaissances

2 À partir du document 1,

1. Remplir le tableau suivant.

	Distance parcourue par un conducteur en forme	Distance parcourue par un conducteur fatigué
Vitesse de 90 km/h	....	....
Vitesse de 130 km/h	....	....

2. Conclure sur l'impact de la fatigue.

....

....

....

....

....

....

DOC • 1 Le temps de réaction face à un danger

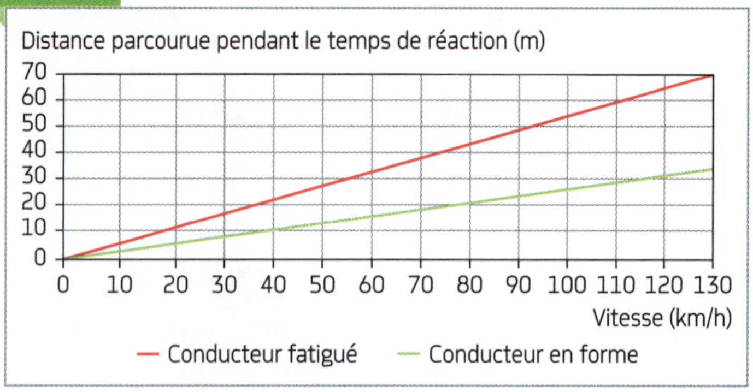

3 À partir de vos connaissances et du document 2, expliquer l'action du cannabis sur le cerveau.

....

....

....

....

....

DOC • 2 L'action du cannabis sur le cerveau

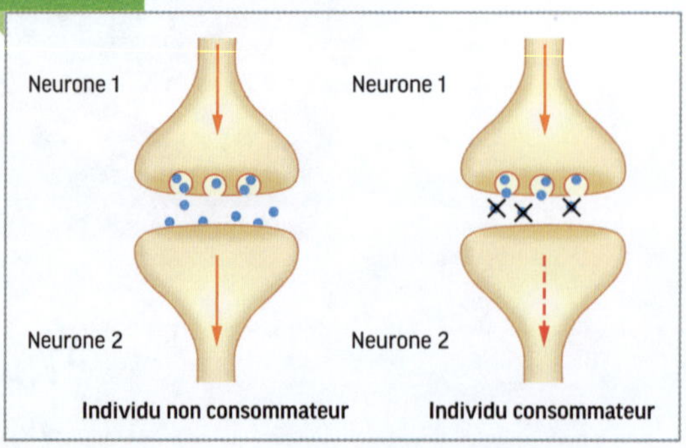

chapitre 12

La nutrition et les aliments

On entend pratiquement tous les jours qu'il faut manger de façon équilibrée pour être en bonne santé.

Qu'est-ce qu'une alimentation équilibrée ?
Quelles maladies peuvent être provoquées par un déséquilibre alimentaire ?

- Déterminer les besoins alimentaires de notre organisme.
- Découvrir les groupes d'aliments et déterminer les apports énergétiques.

VIDÉO 3'16''
L'équilibre alimentaire
foucherconnect.fr/23svt60

C4.2 ACTIVITÉ 1 Pourquoi mange-t-on ?

1. À partir du **document 1**, **relier** les besoins de l'organisme aux activités correspondantes.

Besoins de l'organisme
 Besoins énergétiques •
 Besoins plastiques ou constructeurs •
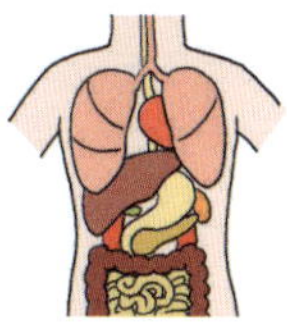 Besoins fonctionnels •

Activités
• Croissance osseuse
• Transport de l'oxygène dans le sang
• Maintien de la température interne
• Pousse des ongles
• Élimination des déchets dans l'urine
• Lecture d'un livre
• Cicatrisation d'une plaie
• Course à pied
• Communication entre les organes

DOC • 1 Les besoins de l'organisme

Ils peuvent être classés en trois catégories :

- les **besoins énergétiques**, qui sont nécessaires pour tout travail effectué par notre organisme, comme par exemple le déplacement grâce aux **muscles squelettiques**, les battements cardiaques ou encore tout simplement le fait de **réfléchir**. Ces besoins sont apportés principalement par les glucides et les lipides ;
- les **besoins plastiques** ou constructeurs, qui sont nécessaires pour assurer la **réparation** de nos tissus, la **croissance** lors de l'enfance ou encore la pousse des cheveux. Ces besoins sont apportés principalement par les protéines, les lipides et les sels minéraux ;
- les **besoins fonctionnels**, qui sont nécessaires au **bon fonctionnement** de notre organisme, comme par exemple la **communication** entre nos organes ou le **transport de substances** dans notre corps. Ces besoins sont principalement apportés par l'eau, les sels minéraux et les vitamines.

C4.1 ACTIVITÉ 2 Quels sont nos besoins énergétiques ?

2. À partir du **document 2**, **justifier** l'importance des besoins énergétiques d'un adolescent.

....

3. À partir du **document 3**, **calculer** les dépenses énergétiques de chaque adolescent.

Adolescent	Activités réalisées pendant 3 heures	Dépenses énergétiques (kJ)	
		Pour chaque activité	Total
 Emma	2 heures de vélo	....	....
	1 heure devant la télévision	....	
 Lilian	2 heures 30 de jeu vidéo sur ordinateur	....	....
	30 minutes de sieste	....	

4. À partir des **documents 2** et **3**, **citer** quatre facteurs faisant varier les dépenses énergétiques.

....

DOC • 2 Les besoins énergétiques conseillés

Adulte (activité moyenne)		Adolescent (de 16 à 19 ans)	
Homme	Femme	Garçon	Fille

11 300 kJ/jour 2 700 kcal	8 400 kJ/jour 2 000 kcal	12 800 kJ/jour 3 000 kcal	9 700 kJ/jour 2 300 kcal

Femme enceinte	Femme allaitante	Enfant (4 à 6 ans)	Personne âgée	
			Homme	Femme

9 000 kJ/jour 2 150 kcal	9 000 kJ/jour 2 150 kcal	7 600 kJ/jour 1 800 kcal	8 000 kJ/jour 1 900 kcal	7 700 kJ/jour 1 850 kcal

DOC • 3 Les dépenses énergétiques (par heure) de quelques activités

2 236 kJ
535 kcal

209 kJ
50 kcal

480 kJ
115 kcal

300 kJ
90 kcal

C4.2 ACTIVITÉ 3 Quels sont les apports nutritionnels de chaque groupe d'aliments ?

5. **Relier** les groupes d'aliments à leurs apports nutritionnels.

Groupes d'aliments			Apports nutritionnels
Lait et produits laitiers (yaourt, fromage)	•	•	Lipides, vitamines E
Viandes, poissons, œufs (steak, saumon)	•	•	Eau, sels minéraux, vitamines A, B et C, fibres
Corps gras (huile, beurre)	•	•	Protéines, fer
Féculents (pâtes, riz)	•	•	Calcium, protéines, lipides, vitamines A et D
Fruits et légumes (orange, carotte)	•	•	Glucide à assimilation rapide
Sucres et dérivés (bonbons, sirop)	•	•	Glucides à assimilation lente, fibres

C4.1 ACTIVITÉ 4 Tous les aliments apportent-ils la même énergie ?

6. À partir du **document 4**, **calculer** la valeur énergétique de 100 g des aliments suivants.

	Pâtes	Hamburger	Banane
Valeur énergétique des glucides (kJ)	....	....	....
Valeur énergétique des protides (kJ)	....	....	....
Valeur énergétique des lipides (kJ)	....	....	....
Total (kJ)	....	....	....

DOC • 4 Composition simplifiée de quelques aliments

Aliments (100 g)	Glucides (g)	Protides (g)	Lipides (g)	Eau (g)
Pâtes	30	5	1	64
Hamburger	18	12	14	44
Banane	19	1	0,5	79,5

Données :
1 gramme de glucide fournit 17 kJ
1 gramme de protide fournit 17 kJ
1 gramme de lipide fournit 38 kJ

C4.2 ACTIVITÉ 5 Qu'est-ce qu'une alimentation équilibrée ?

7. À partir du **document 5**,

7.1 **Calculer** le pourcentage de chaque constituant alimentaire pour une alimentation équilibrée.

Constituant alimentaire	Valeur énergétique apportée par chaque constituant (kJ)	Pourcentage de chaque constituant (%)
Glucides	....	....
Lipides	....	....
Protides	....	....
Total	12 000	100

7.2 **Citer** les trois facteurs qui permettent d'avoir une alimentation équilibrée.

....

....

DOC • 5 Les facteurs d'une alimentation équilibrée

Une **alimentation équilibrée** permet d'apporter tous les éléments nutritionnels dont notre organisme a besoin. Sur une valeur énergétique quotidienne de 12 000 kJ, les glucides représentent les **constituants alimentaires** les plus importants avec 6 600 kJ. Viennent ensuite les lipides avec 3 600 kJ, puis les protides avec 1 800 kJ.

Une alimentation équilibrée est aussi basée sur une **bonne répartition des repas** au cours de la journée et suppose que les apports quotidiens compensent les dépenses énergétiques de la journée **sans les dépasser**.

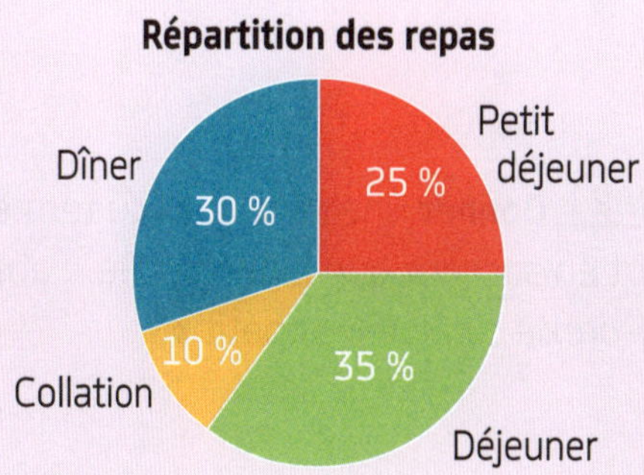

C6. 2 **ACTIVITÉ 6**

Que peut provoquer un déséquilibre alimentaire ?

8. À partir des **documents 6** et **7**,

8. 1 **Remplir** le tableau suivant.

	Poids (kg)	Taille (m)	IMC	Maigreur	Poids idéal	Surcharge pondérale	Obésité
Anaïs	....	....	......	☑	☐	☐	☐
Nabil	....	....	......	☐	☐	☐	☐
Matéo	....	....	......	☐	☐	☐	☐

8. 2 **Citer** quatre aliments qui favorisent la prise de poids.

....

DOC • 6 **Le calcul de l'indice de masse corporelle (IMC)**

IMC = (poids en kg) / (taille en m)²

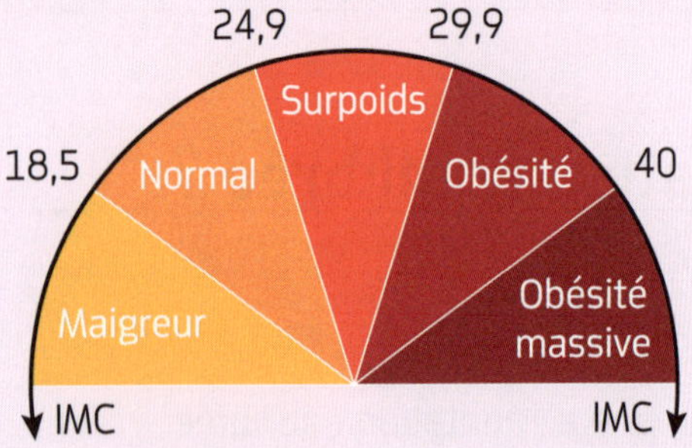

DOC • 7 **Caractéristiques de trois adolescents**

	Aliments consommés
Anaïs 45 kg 1,65 m	Menu Légume – Riz – Fruits
Nabil 72 kg 1,78 m	Menu Pâtes – Poulet – Légumes Fromages et fruits
Matéo 92 kg 1,72 m	Menu Soda – Chips – Charcuterie – Frites Chocolat – Gâteau

9. À l'aide du **document 8**,

9. 1 **Répondre** aux questions suivantes :

– La proportion des personnes obèses est-elle la même dans les différents pays ? Pourquoi ?

....

....

– Pourquoi chez deux individus en suralimentation, l'accroissement de poids peut-il être différent ?

....

....

– Quelles sont les causes de l'obésité ?

....

....

9. 2 **Donner** une définition du terme anorexie tout en sachant que : *an-* signifie « absence de » et *-orexie* signifie « appétit ».

....

....

DOC • 8 **L'obésité**

On peut considérer **l'obésité** comme une **véritable maladie** qui touche aussi bien les hommes que les femmes. Elle est présente dans tous les pays du monde mais les pays industrialisés sont en général les plus concernés. Par exemple, 50 % des Américains sont en surpoids et 25 % sont obèses. On estime **qu'en France** il y a environ **7 millions** de personnes obèses (soit 15 % de la population) et ce nombre ne fait qu'augmenter d'année en année.

Une suralimentation, surtout un excès de matière grasse et de sucre, associée à un **manque d'activité physique** sont les causes les plus fréquentes de l'obésité. Mais cela n'explique pas tout car des personnes ayant le **même régime alimentaire** peuvent avoir **des poids très différents**. Il existe en effet une **prédisposition génétique** à l'obésité, les enfants de parents obèses ayant plus de chances d'être eux-mêmes obèses.

VIDÉO (8'54'')
Pourquoi l'humanité est de plus en plus obèse (l'alimentation ne fait pas tout)
foucherconnect.fr/23svt61

BiLAN

Je retiens

- Les besoins nutritionnels sont nécessaires pour :
  - **combler les dépenses énergétiques** que l'on effectue toute la journée ;
  - permettre la **croissance** lors de l'enfance et la réparation de nos tissus ;
  - permettre le **bon fonctionnement** de notre organisme.
- Les **besoins énergétiques peuvent varier** considérablement selon les individus, ils dépendent du sexe, de l'âge, de l'activité physique mais également de l'état physiologique (femme enceinte, femme allaitante…) et de la température extérieure.
- Les aliments sont classés en **six groupes** selon leurs apports nutritionnels. Pour avoir une alimentation équilibrée, il faut manger **un aliment de chacun de ces groupes** tous les jours. Il faut aussi bien répartir son alimentation **au cours des repas** de la journée et avoir un bon équilibre entre les apports énergétiques et les dépenses physiques.
- Un déséquilibre alimentaire peut mener à des maladies telles que l'**obésité** ou l'**anorexie**.

J'apprends par le schéma

Équilibre et déséquilibre alimentaires

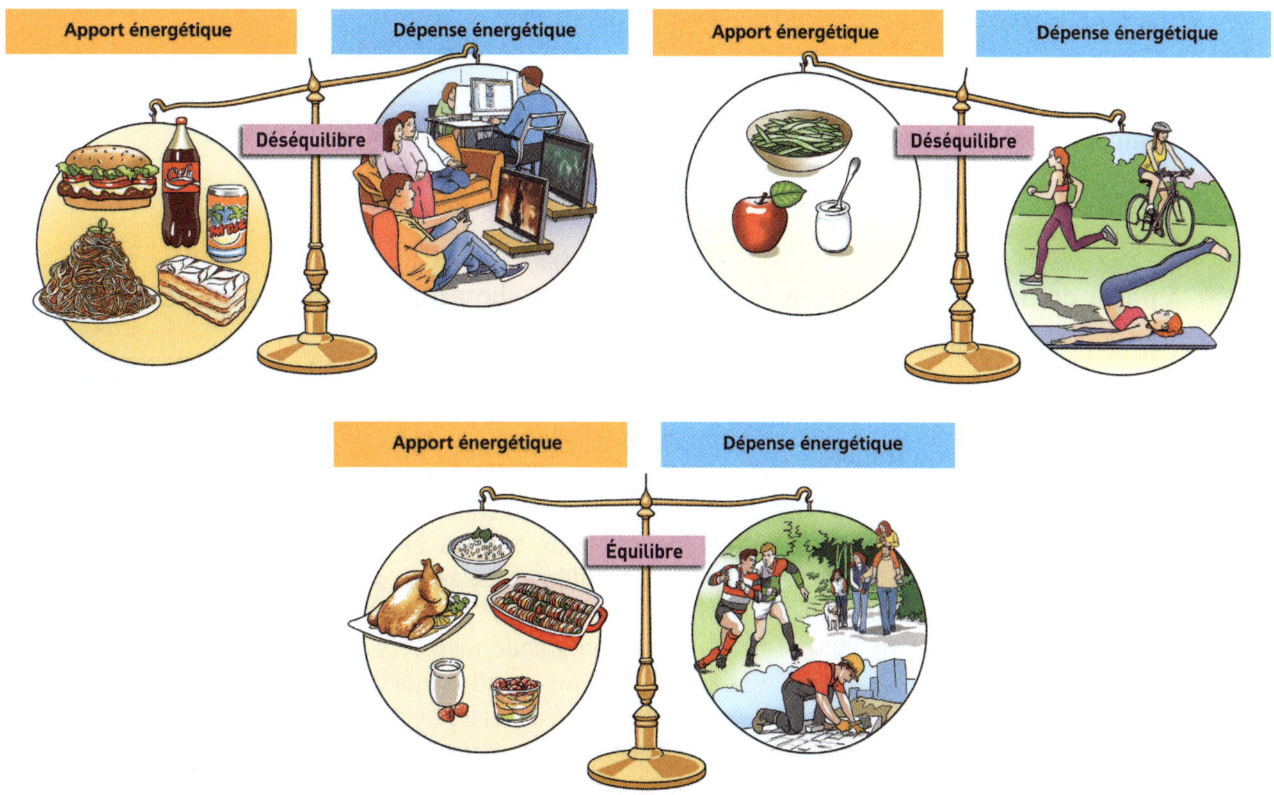

MÉMO AUDIO
foucherconnect.fr/23svt62

QUIZ INTERACTIF
foucherconnect.fr/23svt63

Je m'entraîne

Je vérifie mes connaissances

1 Cocher la bonne réponse.

	Vrai	Faux
1. Les besoins fonctionnels permettent de combler les dépenses énergétiques.	☐	☐
2. La cicatrisation d'une plaie correspond à un besoin plastique.	☐	☐
3. Un adolescent a besoin de moins d'apport énergétique qu'un adulte.	☐	☐
4. Lorsqu'on dort, on ne dépense pas d'énergie.	☐	☐
5. Il faut manger plus d'aliments du groupe « Sucre et dérivés » que du groupe « Fruits et légumes ».	☐	☐
6. Un hamburger apporte autant d'énergie qu'une banane.	☐	☐
7. Il faut manger environ 55 % de glucides quotidiennement.	☐	☐
8. Grignoter entre les repas favorise l'obésité.	☐	☐

J'applique mes connaissances

2 Parmi les comportements suivants, cocher les bonnes habitudes alimentaires.

Boire un litre de soda par jour	☐
Prendre un petit déjeuner suffisant pour combler les dépenses énergétiques de la matinée	☐
Manger plusieurs fruits et légumes par jour	☐
Sauter des repas	☐
Grignoter des chips devant la télé	☐
Manger des féculents une fois par jour	☐
Manger de la viande rouge à chaque repas	☐

3 À partir du document ci-contre,

1. Calculer l'IMC d'Émilie.

....

2. Déterminer si elle a un trouble alimentaire.

....

3. Donner des conseils à Émilie pour résoudre son problème de poids.

....

....

....

....

....

Les habitudes alimentaires d'une adolescente

Émilie est une adolescente de **14 ans** vivant dans une grande agglomération française, elle mesure **165 cm** et pèse **75 kg**. Au petit déjeuner, elle a l'habitude de boire un chocolat au lait et de manger deux tartines beurrées avec de la confiture. **Essayant de maigrir**, elle saute souvent le déjeuner mais, ayant une grande faim vers 17 h, elle ingurgite un grand paquet de chips accompagné d'un litre de soda. Le soir, elle essaye d'avoir une **alimentation équilibrée** avec beaucoup de légumes et des féculents mais elle passe souvent la soirée devant son écran d'ordinateur **en grignotant du chocolat**.

chapitre 13

La digestion

La digestion consiste à transformer les aliments en nutriments, qui seront ensuite absorbés par notre organisme.

Où et comment cette transformation a-t-elle lieu ?
Pourquoi cette transformation est-elle nécessaire ?

- Reconnaître sur un schéma les différents organes de l'appareil digestif.
- Connaître les rôles de chaque organe et de chaque suc digestif.

VIDÉO 2'41"
Au cœur des organes : La digestion
foucherconnect.fr/23svt64

C4. 2 ACTIVITÉ 1 Comment l'appareil digestif est-il organisé ?

1. À partir du **document 1**,

1. 1 **Légender** le schéma ci-dessous avec les termes en gras dans le **document 1**.

1. 2 **Surligner** tous les organes dans lesquels passent les aliments.

1. 3 **Colorier** en rouge les trois glandes annexes au tube digestif.

DICO SCIENCES
* **Glande** : organe dont la fonction est de produire une substance utile à l'organisme.

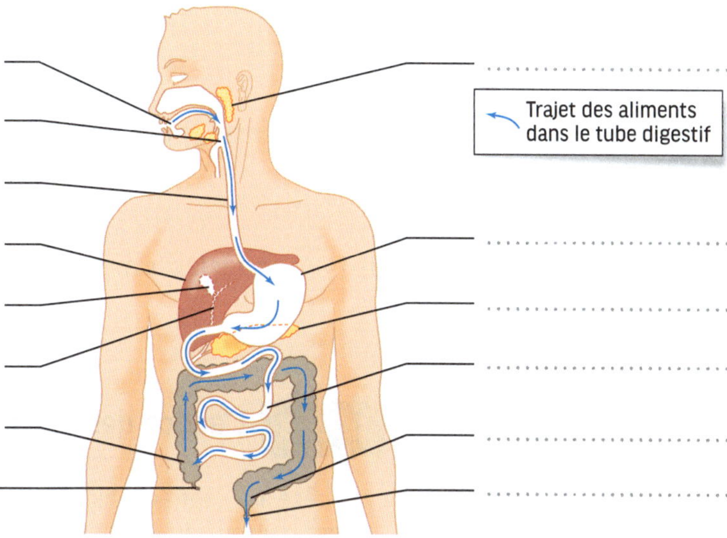

DOC • 1 Anatomie de l'appareil digestif

L'appareil digestif est constitué du tube digestif, auquel sont rattachées des glandes appelées glandes annexes. Le tube digestif est composé d'une série d'organes creux qui commence par la **cavité buccale** (la bouche) et finit par l'**anus**. Les glandes annexes permettent la production de sucs digestifs.

Une fois les aliments imprégnés de salive, produite par les **glandes salivaires**, ils sont avalés, passent par le **pharynx** et sont amenés jusqu'à l'**estomac** grâce à l'**œsophage**. Les aliments sont ensuite envoyés dans l'**intestin grêle** où ils sont mélangés à deux sucs digestifs :

- le suc pancréatique, qui est produit par le **pancréas** situé derrière l'estomac ;
- la bile, qui est produite par le **foie** (gros organe situé sur le côté droit de l'abdomen) et stockée dans la **vésicule biliaire**. Lors d'un repas, la bile est déversée à l'intérieur de l'intestin grêle grâce au **canal cholédoque**.

Les résidus d'aliments non digérés continuent leur chemin jusqu'au **côlon**, dans lequel ils sont transformés en selles et stockés momentanément dans le **rectum**.

C4.2 **ACTIVITÉ 2**

Quels sont les phénomènes mécaniques de la digestion ?

2. À partir des **documents 2** et **3**,

2. 1 **Compléter** le texte ci-dessous avec les mots suivants : *muscles ; côlon ; estomac ; cavité buccale ; chyme ; mastication ; œsophage* (× 2) *; pharynx ; langue.*

Dans la ...., les aliments sont fractionnés et broyés par les dents lors de la .... L'arrivée du bol alimentaire dans le .... provoque la déglutition, les aliments sont poussés vers l'............................. grâce à la .... et à la contraction des muscles du pharynx. Dans l'œsophage, le bol alimentaire se déplace vers l'estomac grâce à un mécanisme appelé péristaltisme : les muscles de la paroi de l'............................ se contractent du haut vers le bas, formant une vague de contractions qui fait progresser les aliments vers l'........................... Celui-ci possède une paroi constituée de .... puissants qui vont broyer les aliments ingérés, les mélanger au suc gastrique et les transformer en une bouillie épaisse, appelée le .... Le péristaltisme permet de faire avancer les restes des aliments digérés dans l'intestin grêle et le ....

2. 2 **Nommer** la bouillie épaisse produite par l'estomac et **donner** sa composition.

....

2. 3 **Nommer** le mécanisme qui permet de transporter les aliments dans le tube digestif.

....

DOC • 2 **La déglutition et le péristaltisme**

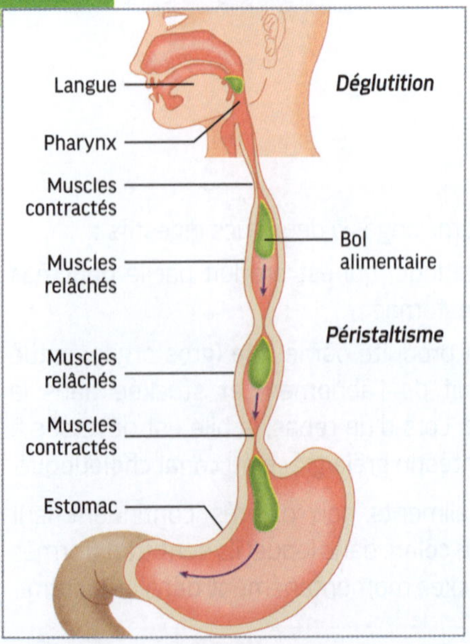

DOC • 3 **L'action des muscles de l'estomac**

Grâce aux contractions des muscles de l'estomac, le bol alimentaire est mélangé au suc gastrique pour former le chyme. Ces contractions permettent aussi de propulser le chyme vers l'intestin grêle.

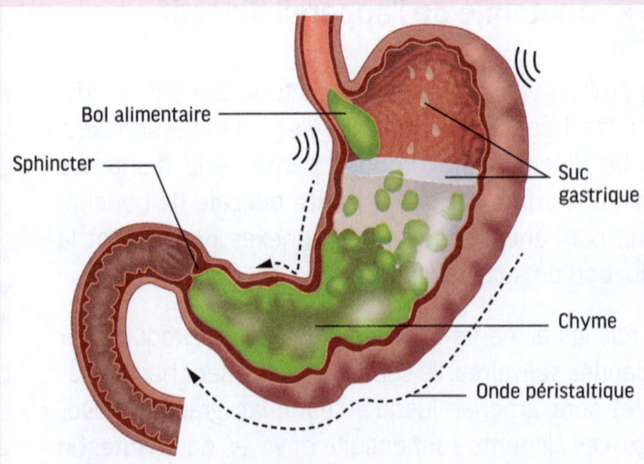

C7. 3 **ACTIVITÉ 3**

Comment les aliments sont-ils transformés en nutriments ?

3. À l'aide du **document 4**,

3. 1 **Remplir** le tableau suivant.

Constituants alimentaires	Lieux de transformation chimique	Sucs digestifs concernés	Nutriments issus de la digestion
Amidon (pain, pâtes, farine)	....	....	....
Protéines (viande, blanc d'œuf, yaourt)	....	....	....
Lipides (huile d'olive, beurre)	....	....	....

3. 2 **Donner** la définition d'un nutriment.

....

3. 3 **Citer** les **enzymes** qui permettent de digérer respectivement l'amidon, les protéines et les lipides.

....

DOC • 4 **La transformation chimique des aliments dans le tube digestif**

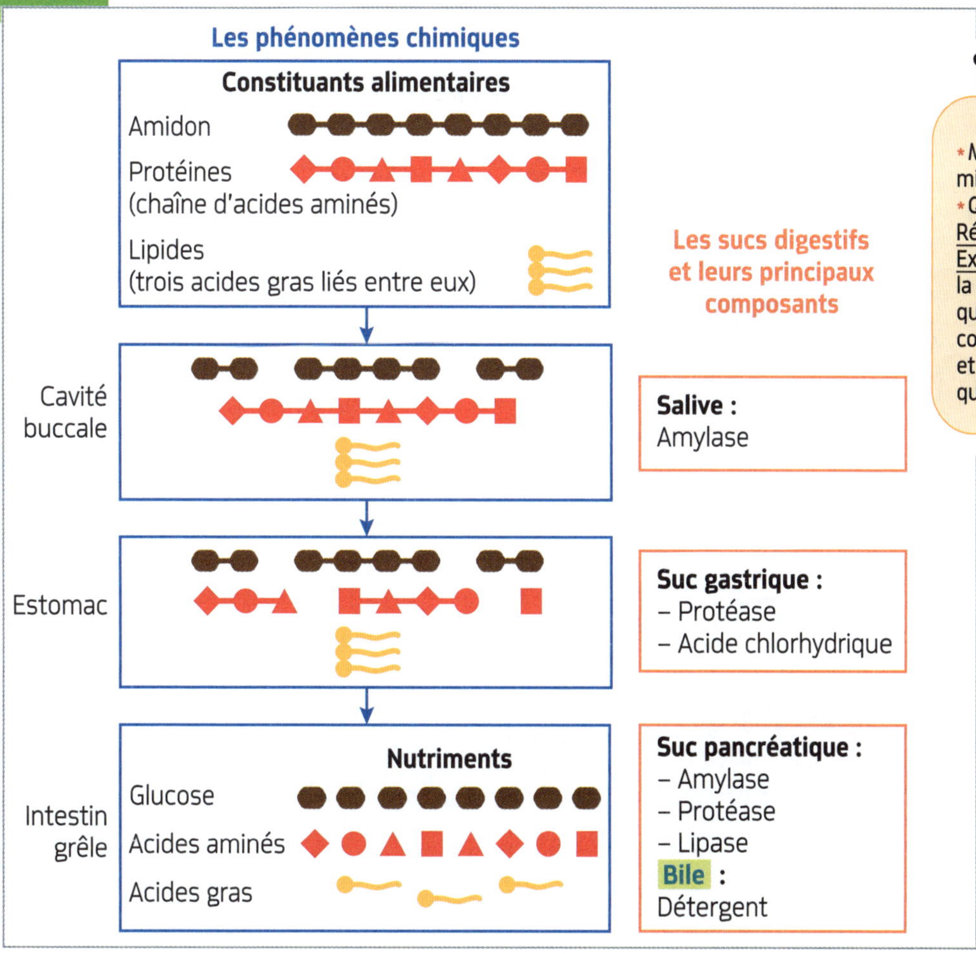

J'EXPÉRIMENTE

* Mâchez de la mie de pain pendant deux minutes sans l'avaler.
* Quel goût apparaît alors ?

Réponse : un goût sucré.
Explication : si l'amidon contenu dans la mie de pain est un glucide complexe qui n'a pas de goût sucré, l'amylase contenue dans la salive dégrade l'amidon et le transforme en un glucide plus petit qui, lui, possède un goût sucré.

DICO SCIENCES

* **Enzymes** : protéines qui accélèrent les réactions chimiques et permettent la dégradation des constituants alimentaires en nutriments. Leur nom finit souvent par *-ase*.
* **Bile** : suc digestif constitué de détergents, qui permettent de rendre miscibles les lipides dans l'eau.

C7. 3 ACTIVITÉ 4

Par quel organe les nutriments sont-ils absorbés ?

4. À l'aide du **document 5**,

4. 1 **Nommer** l'organe où l'absorption a lieu.

....

4. 2 **Indiquer** deux caractéristiques de la paroi de l'intestin grêle qui facilitent l'absorption des nutriments.

....

4. 3 **Nommer** le liquide dans lequel passent les nutriments lorsqu'ils sont absorbés.

....

4. 4 **Préciser** ce que deviennent les éléments non digérés, comme les fibres alimentaires.

....

DOC • 5 L'absorption des nutriments

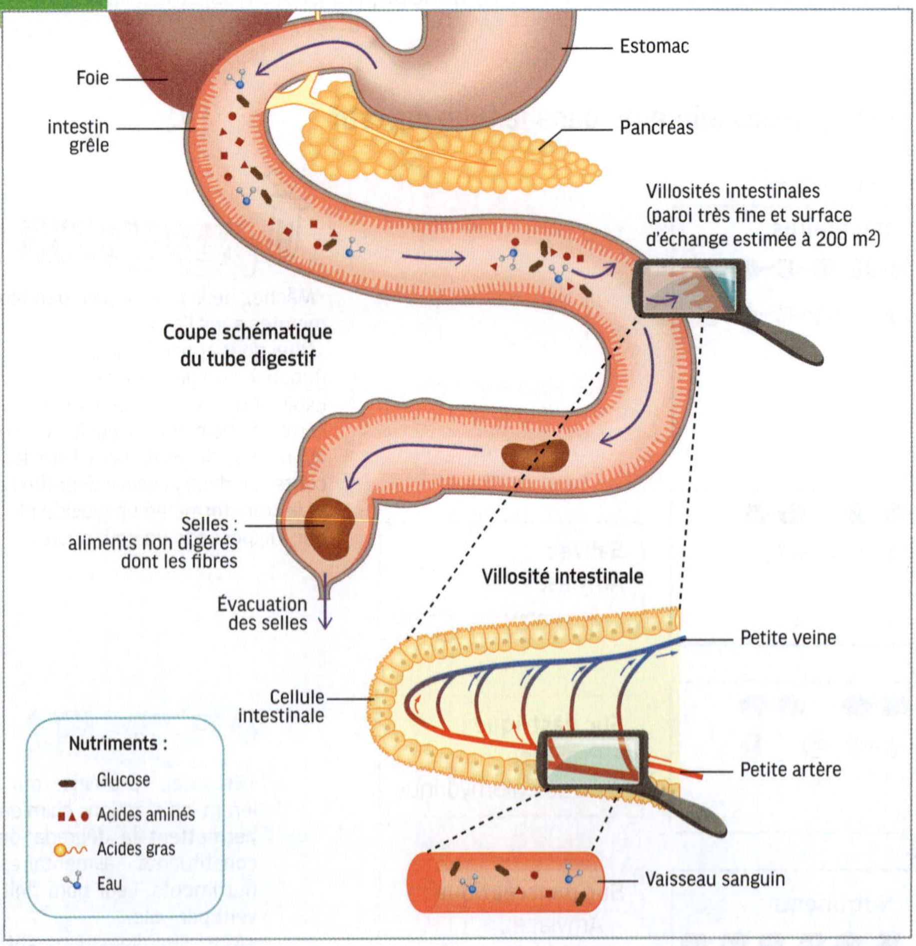

BiLAN

Je retiens

- L'appareil digestif permet la **transformation des aliments** en **nutriments**. Ces derniers traversent ensuite la paroi de l'intestin grêle et sont absorbés par notre organisme.
- L'appareil digestif est constitué :
– d'un **tube digestif**, qui permet la circulation des aliments de la bouche à l'anus ;
– de **glandes annexes**, qui permettent la production de sucs digestifs contenant les enzymes nécessaires à la digestion.
- La digestion est assurée par deux types de phénomènes :
– les **phénomènes mécaniques**, qui permettent de fragmenter les aliments en petits morceaux et de les déplacer dans le tube digestif ;
– les **phénomènes chimiques**, qui permettent de transformer les constituants alimentaires (amidon, protéines, lipides) en nutriments (glucose, acides aminés, acides gras).
- L'**absorption** des nutriments permet leur passage de l'intestin grêle aux vaisseaux sanguins. Les nutriments seront ensuite stockés ou utilisés par nos cellules.

J'apprends par le schéma

L'appareil digestif

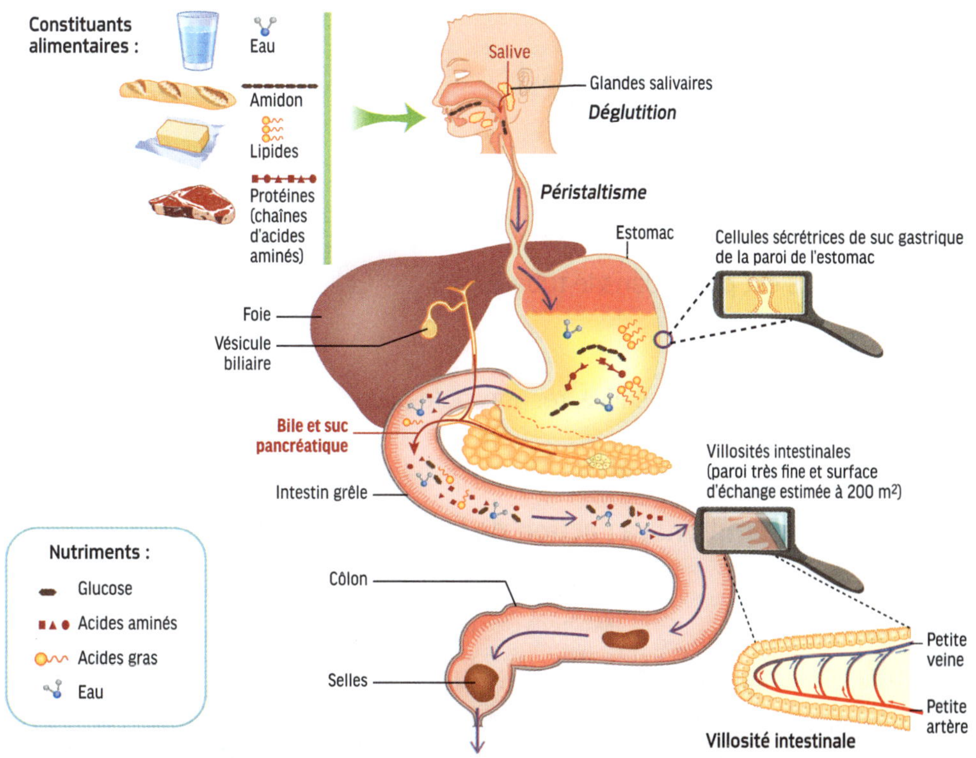

MÉMO AUDIO
foucherconnect.fr/23svt65

QUIZ INTERACTIF
foucherconnect.fr/23svt66

Je m'entraîne

Je vérifie mes connaissances

1 **Surligner les organes de l'appareil digestif en rose et les glandes annexes en vert.**

Pancréas — Côlon — Intestin grêle — Glandes salivaires

Œsophage — Foie — Estomac — Rectum

J'applique mes connaissances

2 **Relier chaque organe à sa fonction.**

Intestin grêle •	• Production du suc pancréatique
Estomac •	• Stockage de la bile
Pancréas •	• Broyage des aliments
Foie •	• Formation des selles
Vésicule biliaire •	• Absorption des nutriments
Côlon •	• Production de la salive
Glandes salivaires •	• Production de la bile

3 **À partir du document ci-dessous,**

1. Écrire ce que l'on observe dans les deux tubes après l'ajout d'eau iodée. En déduire la présence ou l'absence d'amidon dans chaque tube.

....

....

2. Déterminer ce qu'il s'est passé dans le tube 2.

....

3. Citer l'enzyme, présente dans la salive, responsable de la dégradation de l'amidon.

....

Une expérience pour comprendre l'action de la salive sur l'amidon

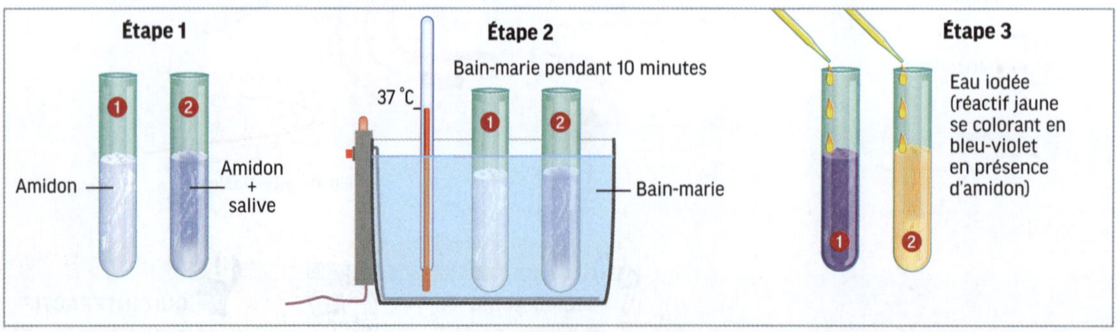

chapitre 14

Les micro-organismes

Nous vivons en contact permanent avec des micro-organismes.
Invisibles mais omniprésents, ils ont un rôle primordial dans l'environnement.
Cependant, certains sont pathogènes.

Quels sont ces micro-organismes ? Sont-ils tous dangereux ?
Comment peut-on s'en protéger ?

- Découvrir la diversité et l'omniprésence des micro-organismes.
- Comprendre les notions de pathogénicité et de prévention.

VIDÉO 2'48''
Le monde microbien, importance, diversité
foucherconnect.fr/23svt67

CG. 3 ACTIVITÉ 1 Qu'est-ce qu'un micro-organisme ?

1. À partir du **document 1**,

1. 1 **Nommer** les trois grandes familles de micro-organismes présentées.

....

1. 2 **Classer** les micro-organismes présentés du plus grand au plus petit.

....

DICO SCIENCES

* **Bactérie** : micro-organisme composé d'une seule cellule, capable de s'autoreproduire. Omniprésente, c'est la première forme de vie sur Terre, apparue il y a 3,8 Ga.
* **Virus** : agent infectieux, environ vingt fois plus petit qu'une bactérie, qui ne peut se reproduire qu'en parasitant une cellule. Non considéré comme vivant car ne pouvant se reproduire sans cellule hôte.

DOC • 1 Quelques micro-organismes

Littéralement, « micro-organisme » signifie petit organisme. On le définit comme **un être vivant invisible à l'œil nu, observable uniquement grâce à un microscope.** Il en existe une grande variété : les **bactéries**, les levures, les protozoaires, les algues unicellulaires… Ajoutons les **virus** mais notons bien que ce ne sont pas des êtres vivants.

Streptococcus pneumoniae ......

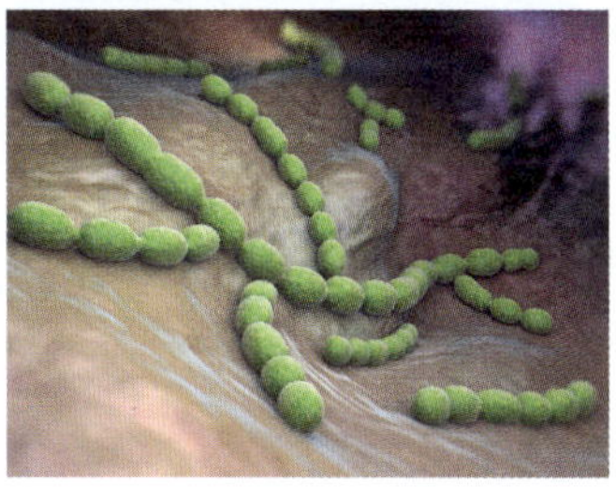

Cette bactérie de forme arrondie, de diamètre 0,5-1 µm, est naturellement présente dans les voies aériennes. Elle peut causer des infections respiratoires.

Virus de l'immunodéficience humaine ......

Le VIH cause le SIDA en attaquant le système immunitaire. C'est un parasite qui se reproduit grâce à une cellule hôte. Taille : 80-120 nm.

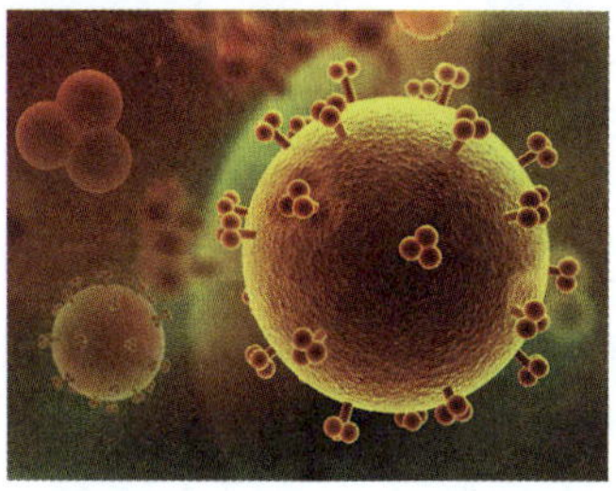

Lactobacillus bulgaricus ......

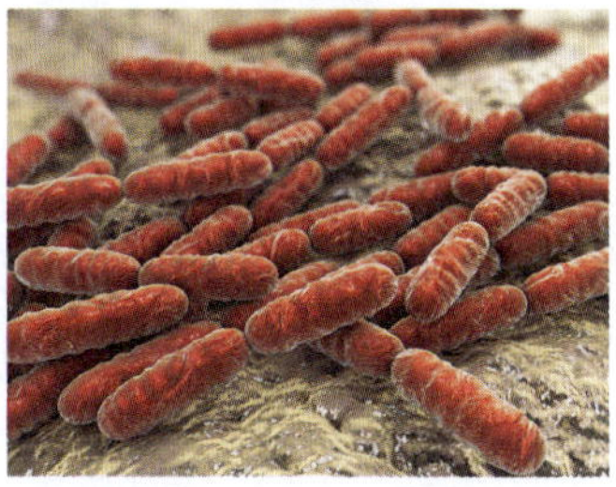

Bactérie en bâtonnet de 1,5 µm présente dans les yaourts (1,5 milliard par pot). Au sein de la flore intestinale, les lactobacilles participent à la digestion.

Saccharomyces cerevisiae ......

Champignon unicellulaire utilisé comme levure pour faire lever le pain et pour produire du vin et de la bière. Ovoïde de 6-12 µm.

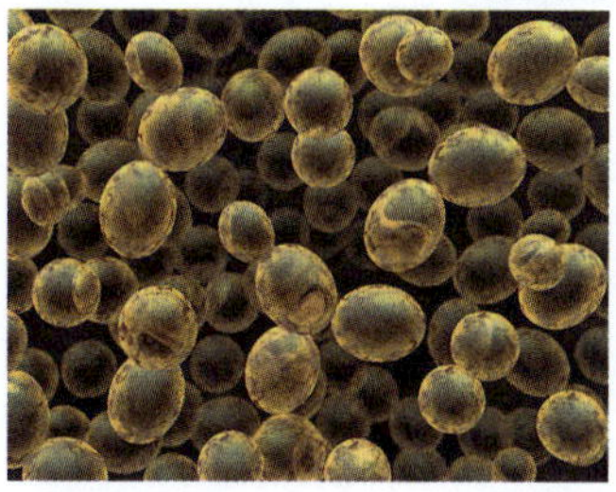

C4. 2 ACTIVITÉ 2 Tous les micro-organismes sont-ils pathogènes ?

2. D'après le **document 2**, **indiquer** sur le **document 1** (au recto), pour chaque micro-organisme, s'il est pathogène (par un « P ») ou utile aux êtres humains (par un « U »).

3. D'après le **document 3**, **expliquer** en quoi les micro-organismes peuvent être utiles.

....

....

....

....

....

....

....

....

....

DOC • 2 Quelques caractéristiques des micro-organismes

Les micro-organismes sont partout : sur le sol, dans l'eau, dans la terre, dans les airs, à la surface des êtres vivants et même dans leur organisme. Ils sont généralement transmissibles d'un individu à l'autre, par l'air (éternuement) ou par l'eau (ex. : à la piscine).

Un micro-organisme **pathogène** est susceptible de provoquer une pathologie, c'est-à-dire une maladie. Certains micro-organismes sont, à l'inverse, **utiles** aux êtres humains s'ils apportent un bénéfice pour leur santé.

DOC • 3 Le microbiote

Un microbiote est l'ensemble des micro-organismes (bactéries, virus, parasites et champignons non pathogènes, (...)) qui vivent dans un environnement spécifique. Dans l'organisme, il existe différents microbiotes : au niveau de la peau, de la bouche, du vagin, des poumons... Le microbiote intestinal est le plus « peuplé » d'entre eux, abritant 10^{12} à 10^{14} micro-organismes. (...)

On sait désormais qu'il joue un rôle dans les fonctions digestives, métaboliques, immunitaires et neurologiques. (...)

[Il agit] sur le fonctionnement global du tube digestif : des animaux axéniques (sans microbiote) ont une motricité du tube digestif ralentie. (...)

Le microbiote intestinal participe [également] au fonctionnement du système immunitaire intestinal, indispensable au rôle barrière de la paroi intestinale.

Microbiote intestinal (flore intestinale), Une piste sérieuse pour comprendre l'origine de nombreuses maladies, INSERM, 18 octobre 2021

C4. 2 ACTIVITÉ 3 Comment les micro-organismes peuvent-ils pénétrer dans l'organisme ?

4. Sur le schéma ci-dessous,

4. 1 **Compléter**, dans les encadrés bleus, les voies d'entrée des micro-organismes suivantes : *Voie respiratoire* ; *Voie digestive* ; *Voie cutanée* ; *Voies génitale et urinaire.*

4. 2 **Compléter**, dans les encadrés rouges, les modes de transmission des micro-organismes suivants : *Toux* ; *Rapports sexuels* ; *Coupures et blessures* ; *Salive et aliments.*

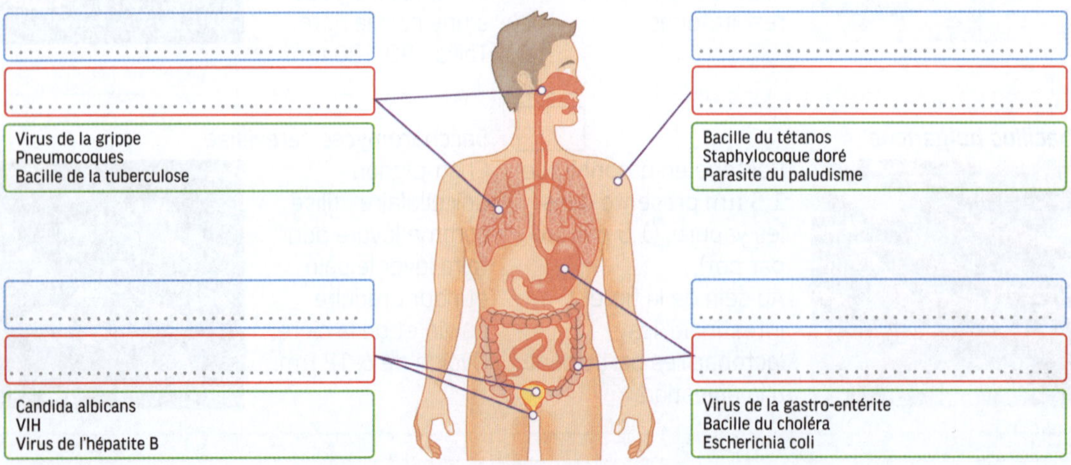

C1.4 **ACTIVITÉ 4**

Comment peut-on éviter la contamination par des micro-organismes pathogènes ?

5. À partir du **document 4**,

VIDÉO 3'47"
Nos mains sales
foucherconnect.fr/23svt68

5. 1 **Déterminer** quel est le doigt porteur du plus grand nombre de micro-organismes, donc le plus sale.

....

5. 2 En comparant les résultats des expériences 1 et 3, puis 3 et 4, en **déduire** comment limiter la présence de micro-organismes sur nos mains.

....

....

....

5. 3 **Conclure** sur l'utilité du lavage de mains.

....

....

DOC • 4 Mise en culture de bactéries présentes sur les doigts

Sur un milieu nutritif (gel d'agar et peptones) solide, dans une boîte de pétri, des élèves ont frotté leur doigt lavé ou non. Puis les boîtes ont été placées à l'étuve pendant 10 jours à 20 °C. On observe les résultats sur les photographies ci-dessous. On dénombre le nombre de bactéries présentes sur le doigt posé en comptant le nombre de taches. Des couleurs et des formes différentes indiquent des bactéries d'espèces différentes.

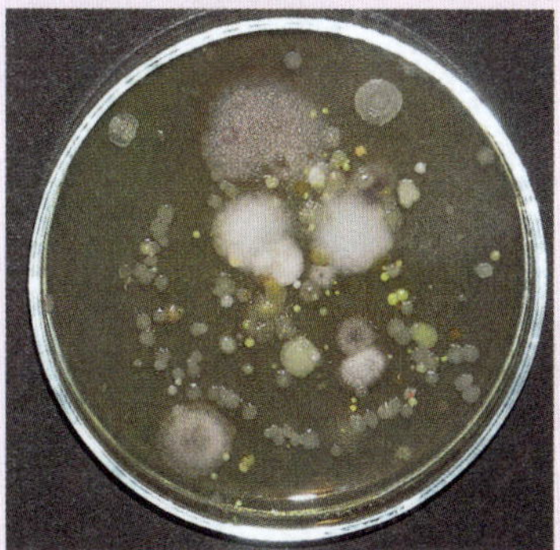

Expérience 1 : doigt non lavé frotté sur un banc d'école

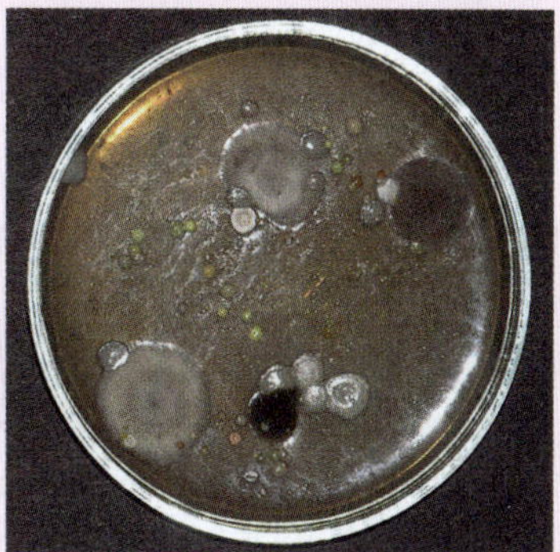

Expérience 2 : doigt non lavé

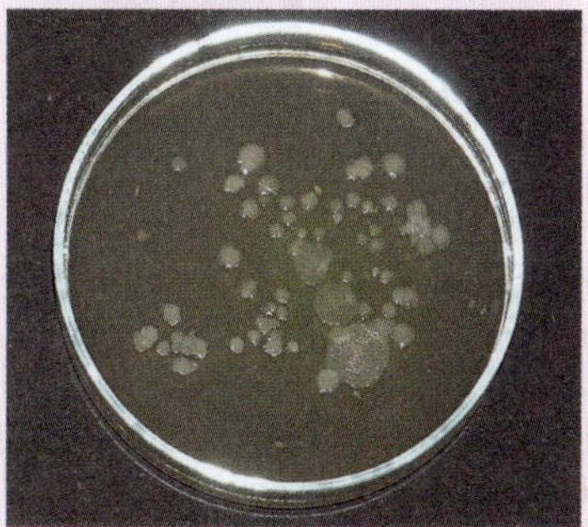

Expérience 3 : doigt lavé à l'eau savonneuse

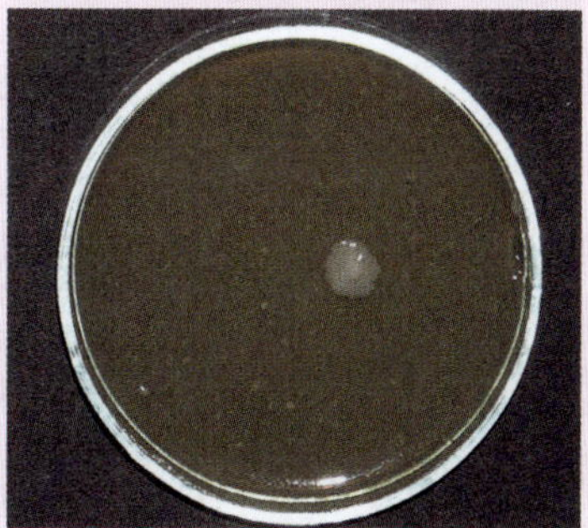

Expérience 4 : doigt lavé à l'alcool

INFO +
On parle d'**asepsie** pour désigner une méthode visant à prémunir des maladies infectieuses, en empêchant la contamination dans l'organisme de micro-organismes. L'utilisation d'alcool est un mode d'asepsie.

C6. 2 ACTIVITÉ 5

Peut-on lutter contre l'infection de micro-organismes ?

6. À partir des **documents 5** et **6**,

6. 1 **Expliquer** quelles conséquences peut avoir l'utilisation inadaptée d'antibiotiques.

....

....

....

6. 2 **Cocher** la proposition qui convient le mieux. On utilise un antibiotique :

☐ qui reste dans notre armoire à pharmacie, quand on a mal à la gorge, en lisant bien la notice.
☐ quand le médecin l'a prescrit, après avoir confirmé qu'on avait bien une infection d'origine virale.
☐ sur les conseils du pharmacien, jusqu'à ce que les symptômes disparaissent.
☐ sur prescription médicale, pour lutter contre une infection bactérienne, en respectant précisément la dose et la durée de traitement indiquées sur l'ordonnance.

DOC • 5 Les antibiotiques

Quand des micro-organismes pathogènes réussissent à franchir une barrière de protection de l'organisme, ils se multiplient et entraînent une **pathologie**, une maladie. C'est **l'infection**.

Si ces pathogènes sont des bactéries, les **antibiotiques** sont efficaces. Ils peuvent éliminer les bactéries ou bloquer leur croissance. Chaque antibiotique cible un type de bactéries.

Ces médicaments n'agissent ni contre les virus, ni contre les champignons. La journée européenne d'information sur les antibiotiques organisée par l'OMS a pour objectif de sensibiliser tous les publics aux bons usages des antibiotiques.

DOC • 6 Extrait d'une notice d'utilisation d'un antibiotique

CONSEILS / ÉDUCATION SANITAIRE
QUE SAVOIR SUR LES ANTIBIOTIQUES ?

Les antibiotiques sont efficaces pour combattre les infections dues aux bactéries. Ils ne sont pas efficaces contre les infections dues aux virus.

Aussi, votre médecin a choisi de vous prescrire cet antibiotique parce qu'il convient précisément à votre cas et à votre maladie actuelle.

Les bactéries ont la capacité de survivre ou de se reproduire malgré l'action d'un antibiotique. Ce phénomène est appelé résistance : il rend certains traitements antibiotiques inactifs.

La résistance s'accroît par l'usage abusif ou inapproprié des antibiotiques.

Vous risquez de favoriser l'apparition de bactéries résistantes et donc de retarder votre guérison ou même de rendre inactif ce médicament, si vous ne respectez pas :
- la dose à prendre ;
- les moments de prise ;
- et la durée du traitement.

En conséquence, pour préserver l'efficacité de ce médicament :

1) N'utilisez un antibiotique que lorsque votre médecin vous l'a prescrit.

2) Respectez strictement votre ordonnance.

3) Ne réutilisez pas un antibiotique sans prescription médicale même si vous pensez combattre une maladie apparemment semblable.

4) Ne donnez jamais votre antibiotique à une autre personne, il n'est peut-être pas adapté à sa maladie.

5) Une fois votre traitement terminé, rapportez à votre pharmacien toutes les boîtes entamées pour une destruction correcte et appropriée de ce médicament.

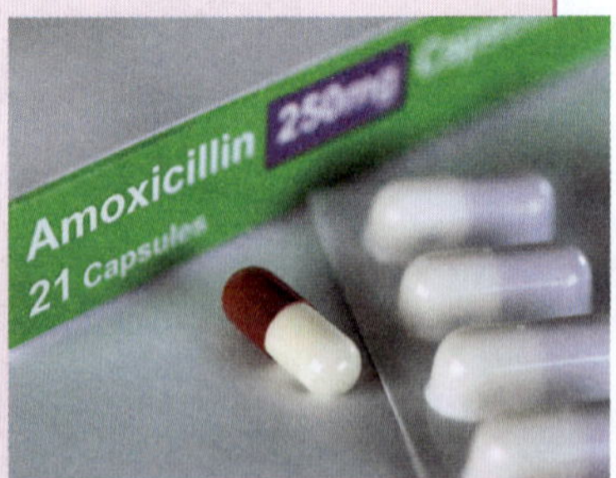

Gélules d'amoxicilline

BiLAN

Je retiens

• Un micro-organisme est un être vivant invisible à l'œil nu, qui ne peut être observé qu'à l'aide d'un microscope. Il en existe de nombreux, parmi lesquels on trouve trois grandes familles : les **bactéries**, les **champignons unicellulaires** et les **virus**. Ils sont présents dans l'air, dans l'eau, dans la terre et dans notre corps.

• Certains sont **utiles**. Nos intestins hébergent ainsi plusieurs milliards de bactéries, le **microbiote** ou la flore intestinale, qui participent activement à notre digestion.

• D'autres sont **pathogènes**. Ils induisent des maladies plus ou moins graves et peuvent nous contaminer en pénétrant par plusieurs voies :
– la **voie cutanée**, en cas de plaie ou de blessure ;
– la **voie respiratoire**, par la toux par exemple ;
– la **voie digestive**, par l'alimentation ;
– les **voies urinaire et génitale**, par les rapports sexuels notamment.

• La prévention des infections bactériennes passe par des mesures d'hygiène, comme **se laver les mains** régulièrement avec du savon. On peut utiliser de l'**alcool** pour éliminer davantage de micro-organismes. En cas d'infection bactérienne, les **antibiotiques** permettent de détruire les bactéries ou de bloquer leur croissance.

J'apprends par le schéma

L'omniprésence des micro-organismes

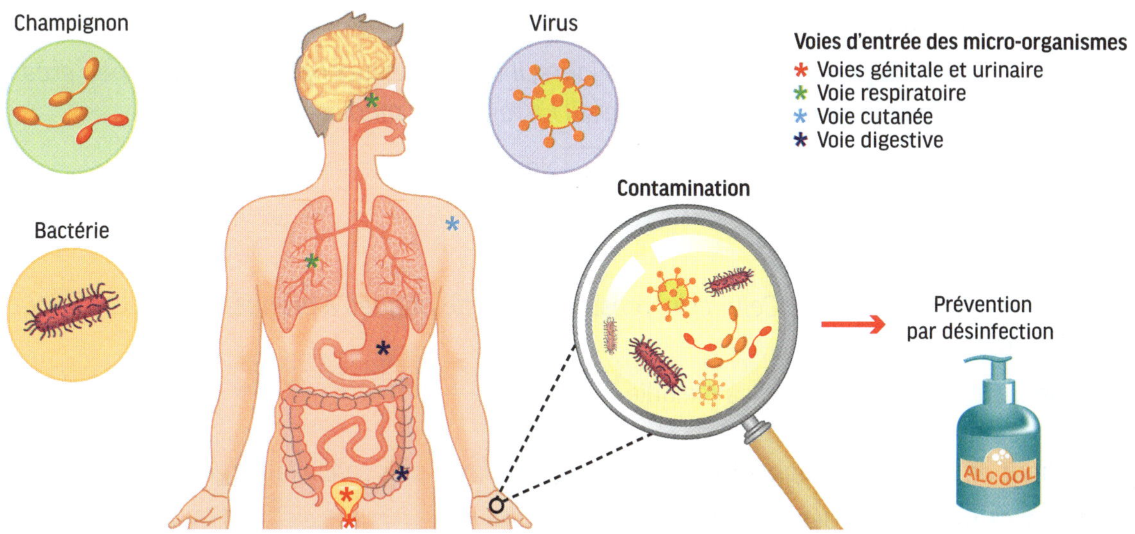

MÉMO AUDIO
foucherconnect.fr/23svt69

QUIZ INTERACTIF
foucherconnect.fr/23svt70

Je m'entraîne

Je vérifie mes connaissances

1 **Pour chaque affirmation, cocher la bonne proposition.**

1. Les bactéries…	☐ sont invisibles à l'œil nu.	☐ sont toutes utiles.	☐ sont toutes pathogènes.
2. Les champignons microscopiques…	☐ se cueillent dans la forêt.	☐ sont des bactéries.	☐ permettent de produire de la bière.
3. Les virus…	☐ sont les micro-organismes les plus grands.	☐ sont tous utiles.	☐ sont les micro-organismes les plus petits.
4. Les micro-organismes…	☐ ne peuvent pas pénétrer dans notre corps.	☐ peuvent pénétrer dans notre corps par la voie respiratoire.	☐ sont tous localisés dans des corps humains.
5. La prévention de la contamination par les micro-organismes…	☐ peut passer par une désinfection régulière à l'alcool de son téléphone.	☐ peut passer par une prise d'antibiotiques.	☐ n'est pas possible.
6. Les antibiotiques…	☐ sont efficaces pour traiter la grippe.	☐ sont uniquement efficaces contre les bactéries.	☐ sont efficaces pour traiter tout type d'infection.

J'applique mes connaissances

2 **Répondre aux questions suivantes.**

Raphaël a mal à la gorge depuis plusieurs jours, il tousse beaucoup. Il a déjà eu à peu près les mêmes symptômes deux mois plus tôt. Il regarde s'il lui reste des médicaments.

a. Est-ce une bonne idée ? ☐ Oui ☐ Non

b. Si non, que devrait-il faire ? ……………………………………………………………

Il va consulter le médecin. Celui-ci lui prescrit des antibiotiques à prendre trois fois par jour pendant sept jours.

c. De quelle origine est donc sa maladie ? ……………………………………………………

Au bout de cinq jours, Raphaël se sent bien mieux. Il n'a plus mal à la gorge. Il arrête son traitement.

d. Est-ce une bonne idée ? Justifier.

……………………………………………………………………………………………

……………………………………………………………………………………………

……………………………………………………………………………………………

chapitre 15

Les défenses de l'organisme et la prévention

Lorsque les micro-organismes pathogènes pénètrent dans l'organisme, le système immunitaire, le mécanisme de défense de l'organisme, se met alors en place pour lutter contre eux.

Comment cette lutte est-elle mise en œuvre par l'organisme ?
Peut-on prévenir ces infections ou aider le corps à les combattre ?

- Comprendre les mécanismes de la réaction inflammatoire non spécifique et de la réaction spécifique.
- Expliquer la vaccination et la sérothérapie.

VIDÉO 3'00''
Tu mourras moins bête : immunologie
foucherconnect.fr/23svt71

C4. 1 **ACTIVITÉ 1**

Comment l'organisme réagit-il à l'intrusion de micro-organismes ?

VIDÉO 3'40''
La réaction inflammatoire
foucherconnect.fr/23svt72

1. À partir des mots soulignés dans le **document 1**, **compléter** le schéma ci-dessous.

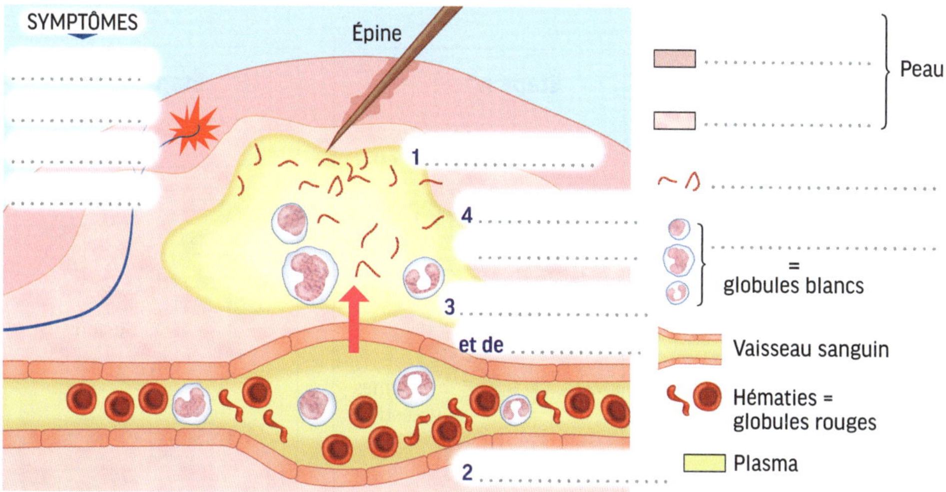

DICO SCIENCES

* **Antigène** : tout élément étranger à l'organisme, micro-organisme (ex. : cellule bactérienne ou virus) ou molécule (ex. : toxine de venin de serpent), déclenchant une réaction immunitaire.
* **Leucocytes (ou globules blancs)** : cellules immunitaires participant à la défense de l'organisme contre les antigènes.
* **Plasma** : partie liquide du sang dans lequel baignent les globules rouges, les globules blancs et les plaquettes.

DOC • 1 La réaction inflammatoire

Lorsque la barrière cutanée est franchie par un élément étranger, un antigène, le système immunitaire réagit immédiatement pour éliminer ce dernier. Cette première réponse de défense est la **réaction inflammatoire**, qui se déroule en quatre étapes :

1. Des micro-organismes pénètrent dans le corps *via* l'épine qui traverse les deux premières couches de la peau (l'épiderme puis le derme). C'est la contamination.

2. Les cellules immunitaires présentes dans le sang (les leucocytes ou globules blancs) affluent dans les vaisseaux sanguins proches de la plaie, qui se dilatent pour faciliter leur arrivée. C'est la vasodilatation, qui entraîne les symptômes de rougeur et de chaleur.

3. Les cellules immunitaires (leucocytes) sortent des vaisseaux sanguins, *via* une sortie de plasma, pour aller rejoindre la zone contaminée. Ils doivent éliminer les micro-organismes étrangers, c'est-à-dire les antigènes.

4. L'afflux de plasma dans le tissu lésé entraîne la formation d'un œdème et le symptôme associé : un gonflement. La pénétration de l'épine a aussi stimulé un récepteur sensoriel relié à une fibre nerveuse sensitive, générant une douleur.

C4.2 ACTIVITÉ 2 Comment l'organisme élimine-t-il les micro-organismes lors de la réaction inflammatoire ?

2. À partir du **document 2**, **donner** le rôle des phagocytes.

....

VIDÉO 0'40"
La phagocytose
foucherconnect.fr/23svt73

DOC • 2 Carte d'identité d'un phagocyte

Nom : phagocyte

Famille : leucocytes (cellules immunitaires)

Surnom : éboueur de l'organisme

Activité : phagocytose (digestion d'antigènes par ingestion)

Lieu : sites de lésions et donc d'entrée de micro-organismes

But de son activité : limiter la contamination et la prolifération des antigènes pathogènes

Cible : tout type d'antigènes, immunité non spécifique

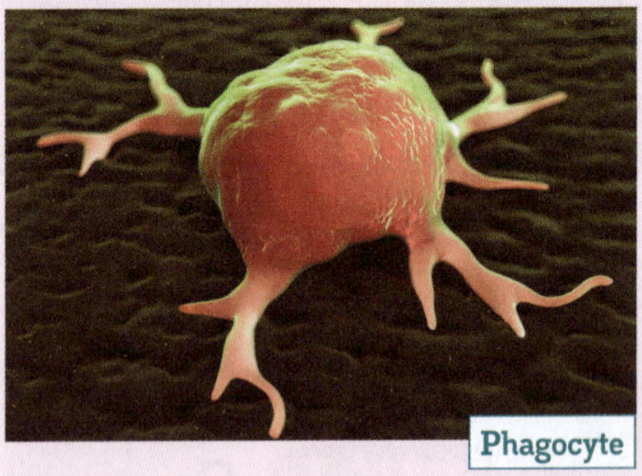
Phagocyte

3. À partir du **document 3**, **numéroter** et **nommer** les différentes étapes de la phagocytose sur le schéma ci-dessous. Vous pouvez vous aider de la **vidéo**.

Étape n°.....

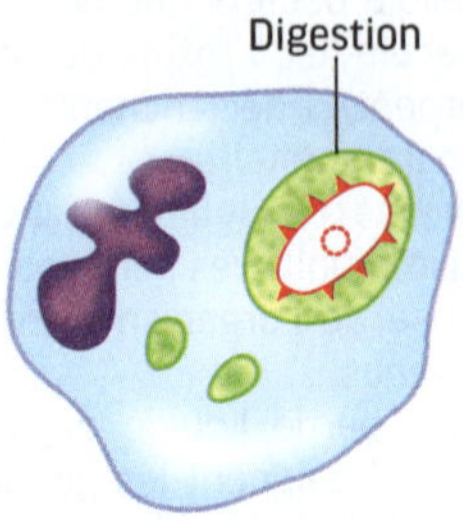

....

Étape n°.....

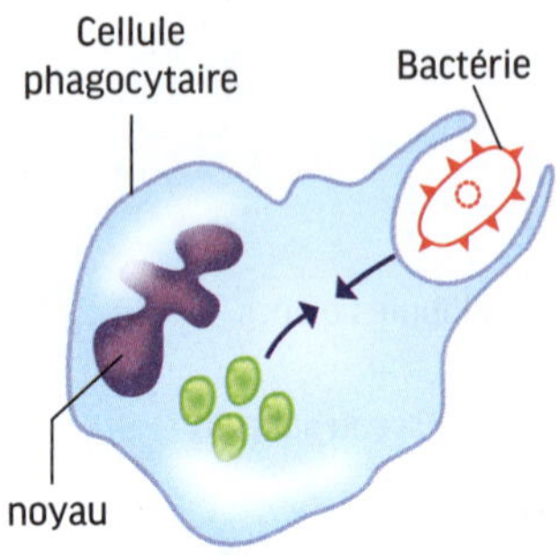

....

Étape n°.....

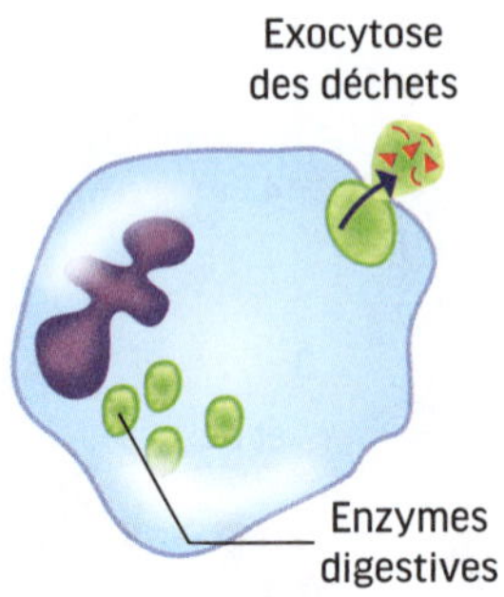

....

Étape n°.....

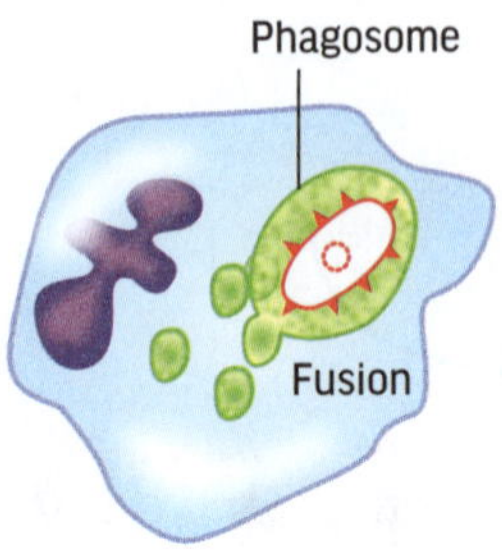

....

DOC • 3 Les étapes de la phagocytose d'une bactérie

1. L'**ingestion** : le phagocyte déforme sa membrane pour entourer la bactérie et la faire entrer.

2. La **fusion** : l'antigène (la bactérie) est contenu dans une vésicule, le phagosome, dans lequel des enzymes digestives sont déversées.

3. La **digestion** : les enzymes attaquent et digèrent la bactérie.

4. L'**exocytose** : rejet des débris cellulaires à l'extérieur de la cellule.

C4. 1 **ACTIVITÉ 3**

Comment le système immunitaire se défend-il lorsque l'infection persiste ?

4. À partir des **documents 4** à **6**, **compléter** le texte ci-dessous.

Les .... sont des cellules immunitaires capables de lutter contre des antigènes .... Les .... produisent et sécrètent, dans le sang, des anticorps spécifiques qui vont .... les antigènes cibles. Les complexes .... formés sont ensuite éliminés par .... Les .... agissent sur des .... infectées par un .... ou des cellules cancéreuses. Ils reconnaissent ces cellules et les .... par contact.

DOC • 4 La réaction immunitaire spécifique

La réaction inflammatoire, première ligne de défense immunitaire, n'est pas toujours suffisante pour éliminer tous les antigènes car elle n'est pas spécifique, elle n'a pas de cible précise. Lorsque l'infection persiste, une deuxième réaction immunitaire se met en place pour **lutter de façon spécifique**, c'est-à-dire dirigée contre un antigène précis. La défense est ainsi plus efficace, même si elle est retardée.

DOC • 5 Carte d'identité d'un lymphocyte

Nom : lymphocyte

Famille : leucocytes (cellules immunitaires)

Sous-catégories : lymphocytes T (LT) et lymphocytes B (LB)

Activités : immunité spécifique ; LT : destruction de cellules infectées ; LB : sécrétion d'**anticorps** spécifiques

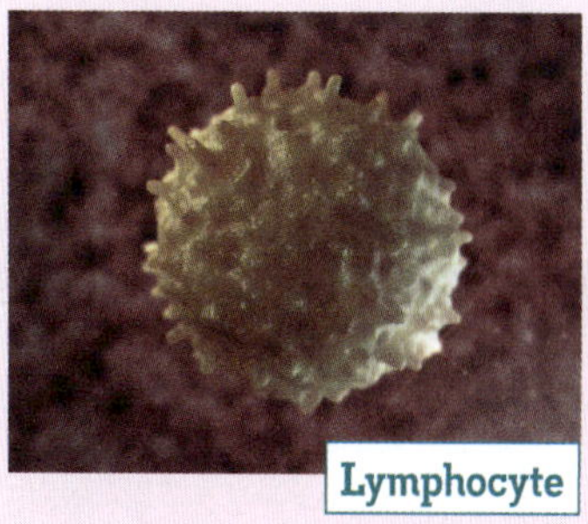
Lymphocyte

Lieu : tout lieu de l'organisme où se trouvent les antigènes cibles

But de son activité : éliminer les antigènes cibles

Cible : un antigène spécifique et précisément ciblé

DOC • 6 Action des lymphocytes B et T dans les réponses immunitaires spécifiques

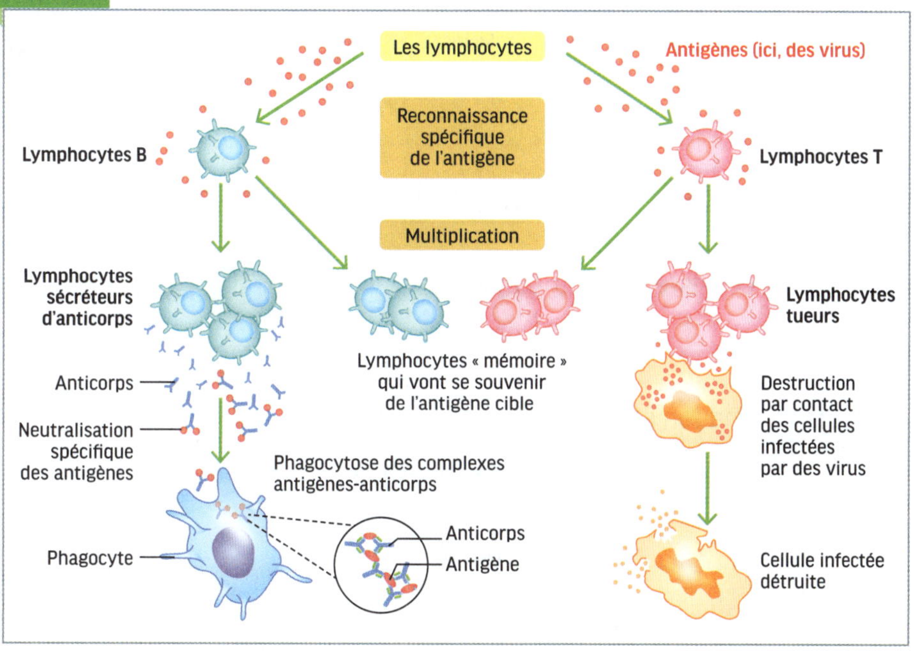

DICO SCIENCES

* **Anticorps :** molécule en forme de Y produite par les lymphocytes B qui se fixe sur les antigènes, les neutralise et facilite la phagocytose.

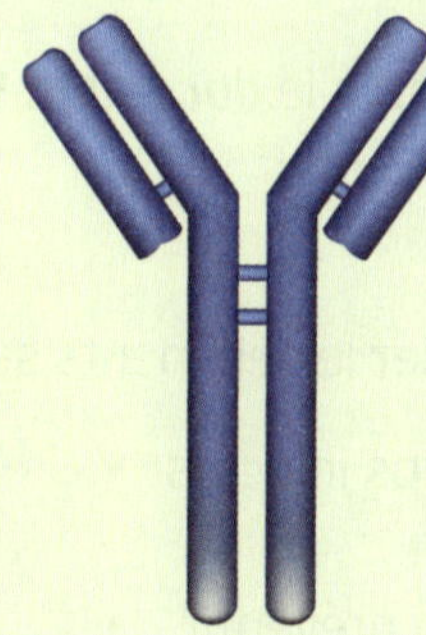

C1. 4 ACTIVITÉ 4 Comment prévenir certaines infections ?

5. À partir des **documents 7** et **8**,

5. 1 **Expliquer** pourquoi la souris A est morte.

....

5. 2 **Expliquer** pourquoi la souris B est vivante alors qu'on lui a injecté de la toxine tétanique.

....

....

....

....

DOC • 7 La mémoire immunitaire

À chaque fois que le système immunitaire rencontre un antigène, il le mémorise en conservant des lymphocytes spécifiques capables de le reconnaître : c'est la **mémoire immunitaire**. La **vaccination** est basée sur ce principe de mémoire à long terme. On présente un antigène atténué (non pathogène) au système immunitaire par injection pour qu'il le mémorise.

VIDÉO 3'49"
La mémoire immunitaire
foucherconnect.fr/23svt74

5. 3 **Expliquer** pourquoi la souris C est morte alors qu'on lui a injecté de l'anatoxine tétanique.

....

....

....

5. 4 **Expliquer** en une phrase le principe de la vaccination.

....

....

DOC • 8 Le principe de la vaccination

La toxine tétanique, responsable du tétanos, est une molécule toxique s'attaquant au système nerveux, sécrétée par la bactérie *Clostridium tetani*.

Une anatoxine est une molécule ressemblant à une toxine mais qui n'a pas de pouvoir pathogène.

La toxine diphtérique est une molécule toxique sécrétée par une autre bactérie, s'attaquant aux voies respiratoires.

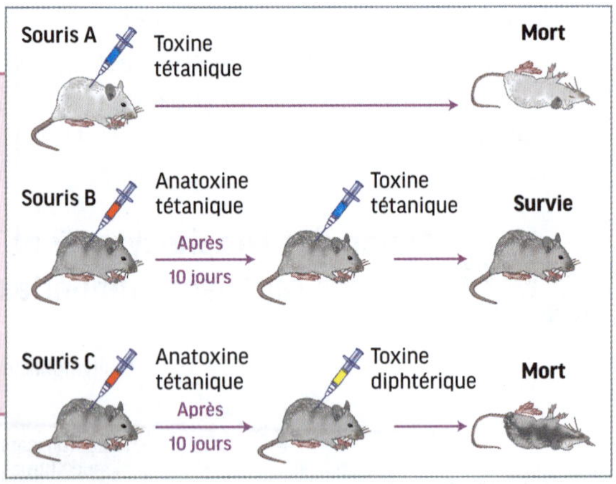

C6. 2 ACTIVITÉ 5 Comment guérir certaines infections graves ?

6. D'après le **document 9**, **expliquer** en quoi consiste la sérothérapie.

....

7. **Relier** les éléments se rapportant à la vaccination et à la sérothérapie.

Anticorps injectés •		• Antigènes atténués injectés
	• Vaccination •	
Moyen préventif •		• Moyen curatif
	• Sérothérapie •	
ong terme •		• Action à court terme

DOC • 9 La sérothérapie

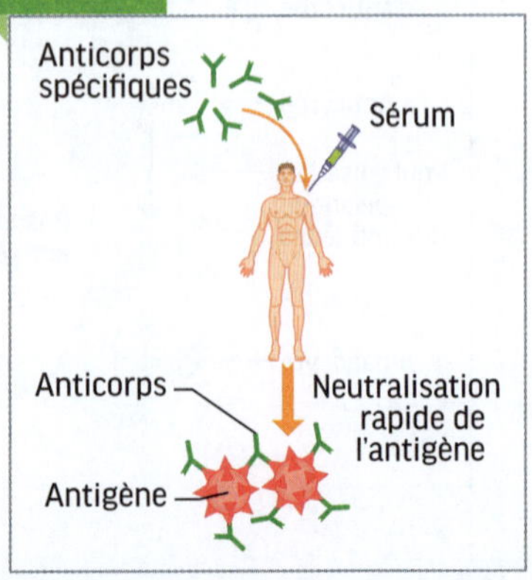

BiLAN

Je retiens

• L'organisme est doté d'un mécanisme de défense contre les micro-organismes pathogènes : le **système immunitaire**.

• Dès la contamination, une première réaction **non spécifique** se met en place : la **réaction inflammatoire**. Elle est caractérisée par quatre symptômes : **chaleur, rougeur, douleur et gonflement**. Les phagocytes affluent sur le site de lésion pour limiter la prolifération des antigènes. Ils éliminent les micro-organismes par **phagocytose**.

• Dans un second temps, quand l'infection persiste, une réaction **spécifique** se met en place. Des lymphocytes ciblent alors un antigène particulier :
– les **lymphocytes T** ont une action cytotoxique : ils détruisent par contact les cellules infectées par un virus ou les cellules cancéreuses ;
– les **lymphocytes B** sécrètent des **anticorps**, à même de reconnaître un antigène spécifique et de le neutraliser. Puis les complexes antigènes-anticorps sont phagocytés.

• Pour certaines maladies, la seule **prévention** efficace est la **vaccination**. On injecte des micro-organismes atténués pour stimuler la mémoire immunitaire sans provoquer de pathologie. La vaccination est **spécifique** et génère une immunité **retardée** mais **durable**.

• La **sérothérapie** est un moyen **curatif**. On injecte des **anticorps spécifiques** qui vont pouvoir neutraliser immédiatement les antigènes. Cette action est rapide mais limitée dans le temps.

J'apprends par le schéma

Les réactions immunitaires

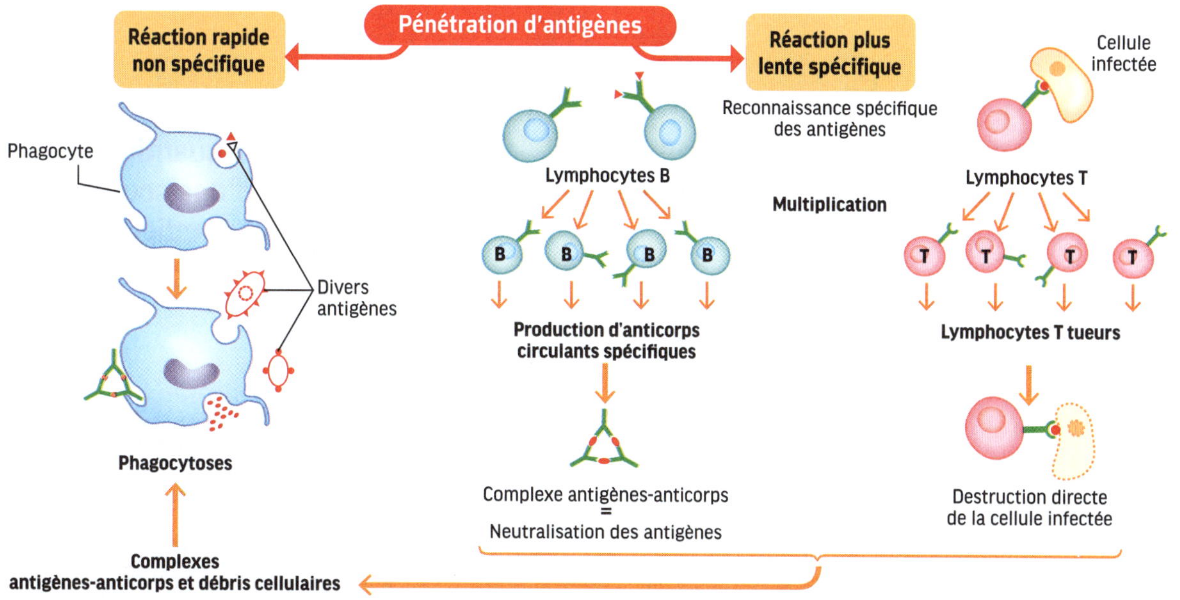

MÉMO AUDIO
foucherconnect.fr/23svt75

QUIZ INTERACTIF
foucherconnect.fr/23svt76

Je vérifie mes connaissances

1 Retrouver les mots de la grille grâce aux définitions.

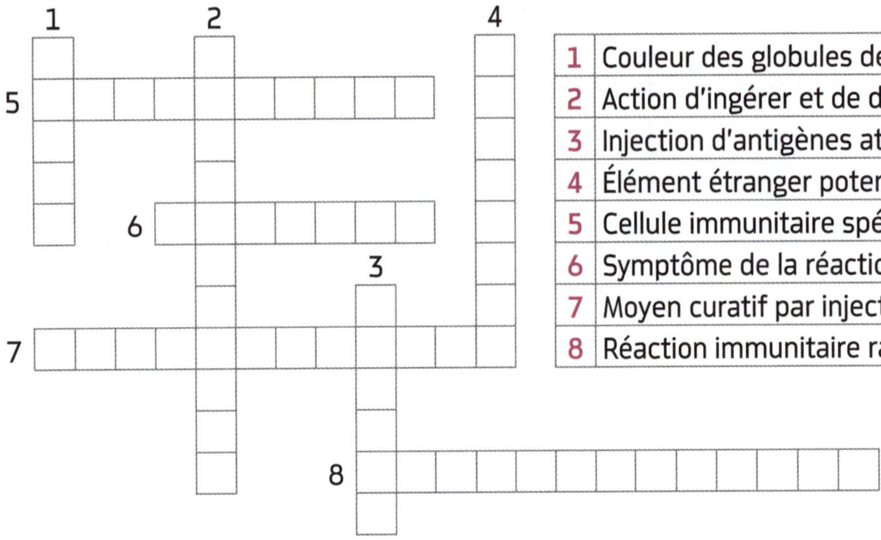

1	Couleur des globules de l'immunité.
2	Action d'ingérer et de digérer un antigène.
3	Injection d'antigènes atténués à but préventif.
4	Élément étranger potentiellement pathogène.
5	Cellule immunitaire spécifique d'un antigène.
6	Symptôme de la réaction inflammatoire.
7	Moyen curatif par injection d'anticorps spécifiques.
8	Réaction immunitaire rapide et non spécifique.

J'applique mes connaissances

2 À partir du document ci-dessous,

1. Décrire l'évolution de la quantité d'anticorps au cours du temps, à la suite de la 1re injection de l'antigène A, puis de la 2e injection de l'antigène A.

....

....

....

....

2. Décrire et expliquer l'évolution de la quantité d'anticorps au cours du temps à la suite de la 1re injection de l'antigène B.

....

....

....

....

....

....

3. Nommer cette méthode préventive de lutte contre les micro-organismes pathogènes.

....

Évolution de la quantité d'anticorps dans le sang d'une souris ayant subi des injections d'antigènes

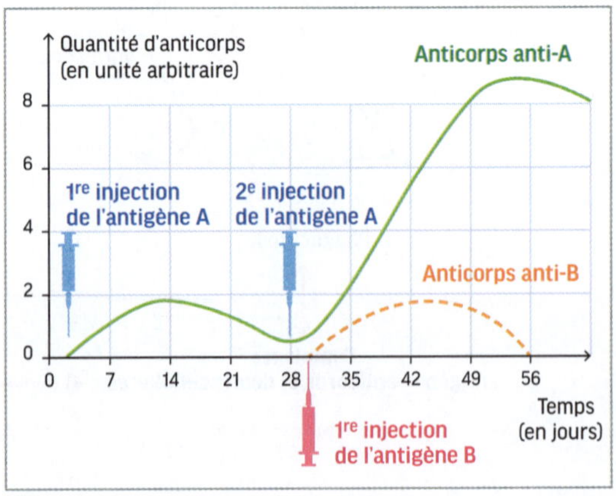

chapitre 16

Puberté et découverte de la sexualité

Dès la naissance, l'appareil reproducteur est formé.
Les organes génitaux permettent de distinguer biologiquement un garçon d'une fille, et réciproquement.

Comment devient-on un homme ou une femme ?
Comment et quand l'appareil reproducteur devient-il fonctionnel ?

- Définir la période de puberté.
- Présenter l'appareil reproducteur et son fonctionnement.

VIDÉO 4'10''
La puberté
foucherconnect.fr/23svt77

C4.1 ACTIVITÉ 1 Quelles transformations liées à la puberté ?

VIDÉO 3'26''
Sexe, anatomie et diversité
foucherconnect.fr/23svt78

1. À l'aide du **document 1** et du **dico sciences**, **remplir** le tableau ci-dessous sur les **caractères sexuels** primaires et secondaires.

	Caractères sexuels	Fille	Femme
Primaire (I)	Organes sexuels	....	....
Secondaire (II)	**Pilosité** (pubis et aisselles)	....	....
	Forme du corps	Peu développée	....
	Signes de la **puberté**	/	....
	Tranche d'âge de la puberté	/	....
	Caractères sexuels	**Garçon**	**Homme**
Primaire (I)	Organes sexuels	....	....
Secondaire (II)	Pilosité (pubis, aisselles et barbe)	....	....
	Forme du corps	Peu développée	Développement des épaules et de la musculature
	Signes de la puberté	/	....
	Tranche d'âge de la puberté	/	....

DOC • 1 Les modifications de l'organisme

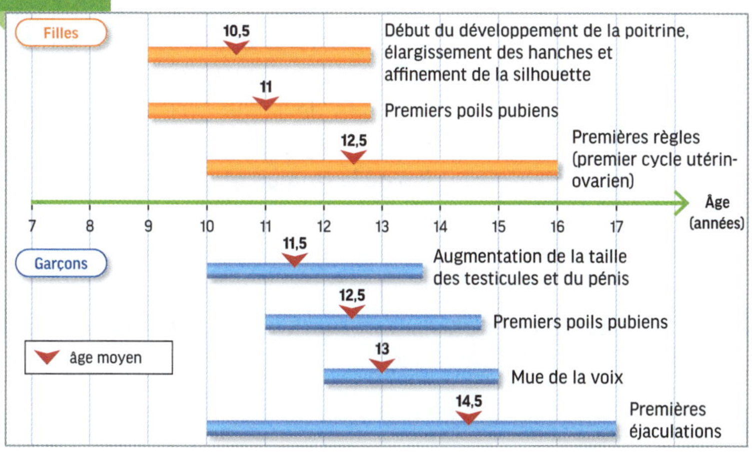

DICO SCIENCES

- **Caractères sexuels** : caractères distinguant un garçon d'une fille au sens biologique.
- **Puberté** : période de transformations physiologiques et psychologiques où l'enfant change pour devenir un adulte capable de transmettre la vie.
- **Règles (menstruations)** : dégradation superficielle de la paroi interne de l'utérus provoquant un écoulement sanguin selon un cycle.
- **Pilosité** : ensemble de poils sur certaines zones du corps.
- **Éjaculation** : émission du sperme par le pénis.

CG. 3 ACTIVITÉ 2 Comment l'appareil reproducteur fonctionne-t-il ?

2. À l'aide du **document 2**, **compléter** le texte suivant.

L'appareil reproducteur masculin est composé d'organes génitaux externes comportant le .... et deux gonades, appelées .... Ces derniers produisent les spermatozoïdes, qui acquièrent leur mobilité dans l'.......................... Lors d'une stimulation, les spermatozoïdes sont envoyés par le canal .... dans une glande annexe, en dessous de la vessie, appelée ...., pour récupérer le liquide prostatique. Puis les spermatozoïdes et ce liquide arrivent vers une autre glande, appelée ...., et se mélangent avec le liquide séminal. L'ensemble du liquide prostatique, séminal et des spermatozoïdes forme le .... Il est ensuite évacué par l'...................., au niveau de l'..................................., lors de l'éjaculation.

DOC • 2 L'appareil reproducteur masculin (vue de profil)

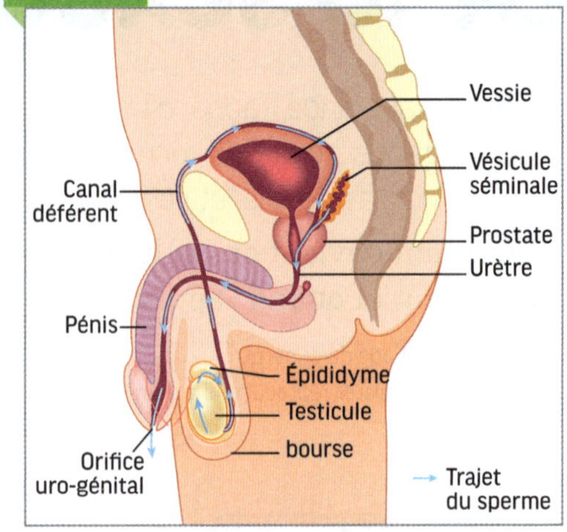

3. À partir du **document 3**,

3. 1 **Légender** le schéma de l'appareil reproducteur féminin ci-dessous avec les mots en gras du texte.

3. 2 **Colorier** l'organe de nidation en bleu, les gonades en vert et les voies génitales en jaune.

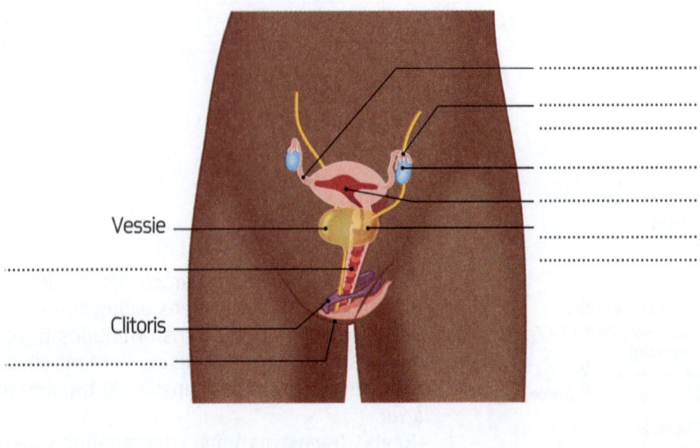

DOC • 3 L'appareil reproducteur féminin

Chez la femme, les organes génitaux sont situés dans l'abdomen. Seul le **vagin** est en lien avec le milieu extérieur grâce à la **vulve**. Son rôle est de recevoir le sperme lors de l'acte sexuel. Au-dessus du vagin, après le **col de l'utérus**, se trouve l'**utérus**, on l'appelle aussi l'organe de nidation car il peut accueillir une cellule-œuf dont le développement donnera un embryon. L'utérus est relié aux **ovaires** par les voies génitales appelées **trompes de Fallope**. Les ovaires produisent des ovocytes de façon cyclique. Une fois mûr, l'ovocyte est libéré dans le **pavillon de la trompe** et peut être fécondé.

4. D'après les **documents 2 et 3** et vos connaissances, **citer** les signes visibles montrant le fonctionnement de chacun des deux appareils reproducteurs.

....

C1. 4 **ACTIVITÉ 3**

Comment et quand l'appareil reproducteur permet-il de transmettre la vie ?

6. D'après vos connaissances et le **document 4**, **compléter** le tableau ci-dessous.

	Spermatozoïde	Ovocyte
Lieu de production	....	....
Rythme de production	Continu	....
Lieu d'émission	....	....
Durée de vie	3-4 jours	....
Mobilité	....	....

DOC • 4 La production d'ovocytes chez la femme

À la naissance, une fille a son stock d'ovocytes. Dès la puberté, une fois par mois environ, un des deux ovaires expulse un ovocyte mûr vers la trompe : c'est l'ovulation. Porté dans la trompe utérine, sa rencontre avec un spermatozoïde pourra donner lieu à une fécondation un à deux jours après son expulsion. Les ovulations s'arrêtent à la **ménopause**. Il ne peut plus y avoir fécondation et donc production d'une cellule-œuf.

DICO SCIENCES

* **Ménopause** : période de la vie d'une femme où les ovaires arrêtent de fonctionner (disparition des règles).

7. À partir du **document 5**, **décrire** l'évolution de la muqueuse utérine.

....

....

....

DOC • 5 L'évolution de la muqueuse utérine entre deux périodes de règles

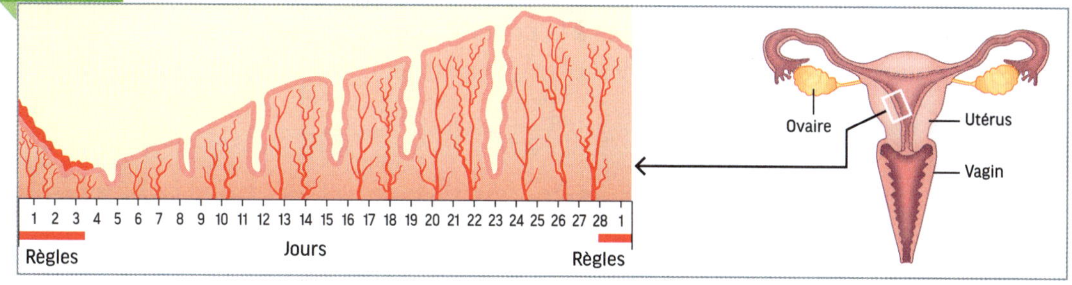

8. **Compléter** le schéma du cycle utérin-ovarien ci-dessous.

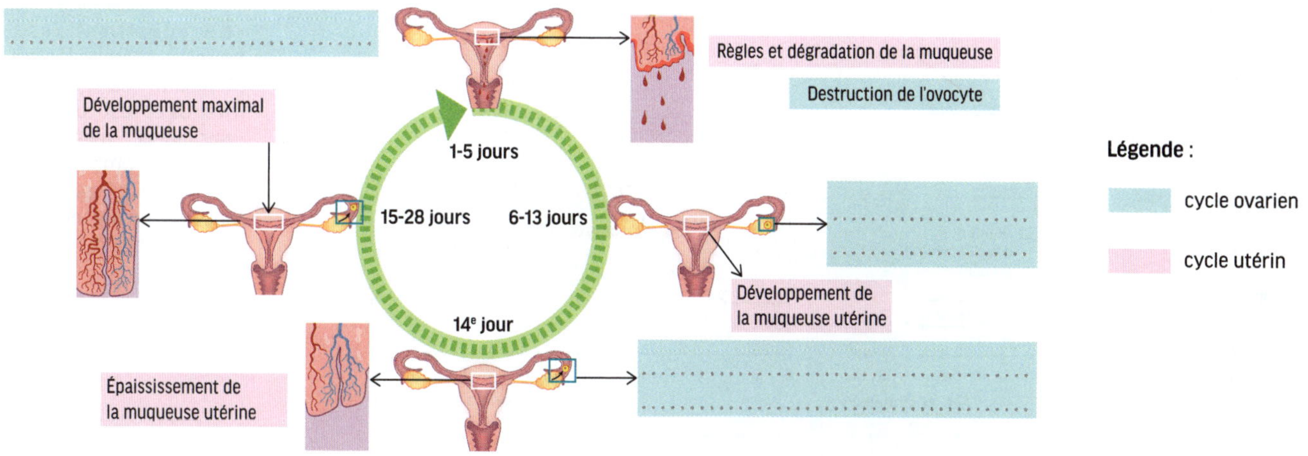

C1. 4 ACTIVITÉ 4 Quels mécanismes déclenchent la puberté ?

9. À l'aide du **dico sciences** et du **document 6**, **expliquer** le rôle des **gonadostimulines**.

....

....

....

DOC • 6 Les hormones cérébrales

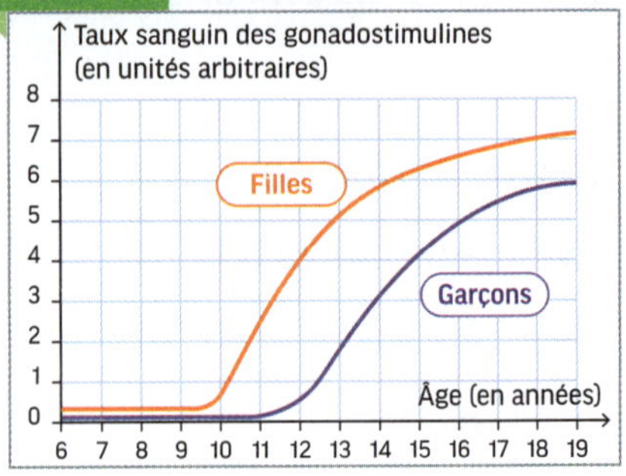

10. **Compléter** le tableau du **document 7**.

DOC • 7 Les expériences de Berthold (1848)

Expérience réalisée	Résultat	Conclusion
Groupe 1 Les testicules sont reliés aux centres nerveux par des nerfs et irrigués par le sang. 	 Caractères sexuels II : - crête et barbillons développés ; - chant du coq ; - comportement sexuel et de combat.	*Cette expérience constitue l'expérience témoin.*
Groupe 2 	 Caractères sexuels II : - crête et barbillons pâles ; - pas de chant du coq ; - pas de comportement sexuel ni de combat.	....
Groupe 3 Connexions nerveuses détruites mais circulation sanguine rétablie 	 Caractères sexuels II : - crête et barbillons développés ; - chant du coq ; - comportement sexuel et de combat.	....

11. À l'aide du **document 8**, **conclure** sur le rôle des gonades à la puberté chez les deux sexes.

....

....

....

....

DOC • 8 L'évolution des hormones sexuelles

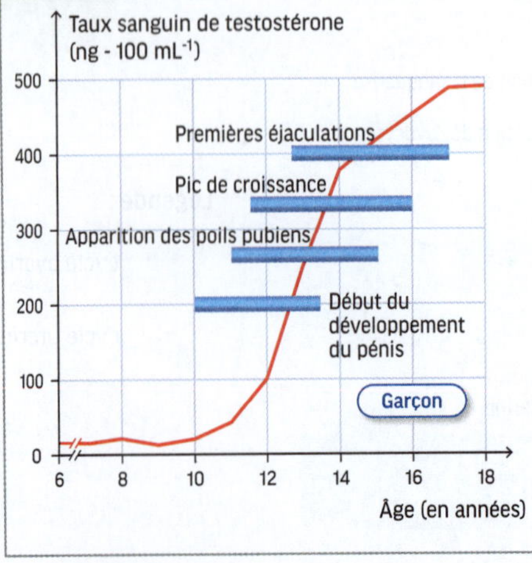

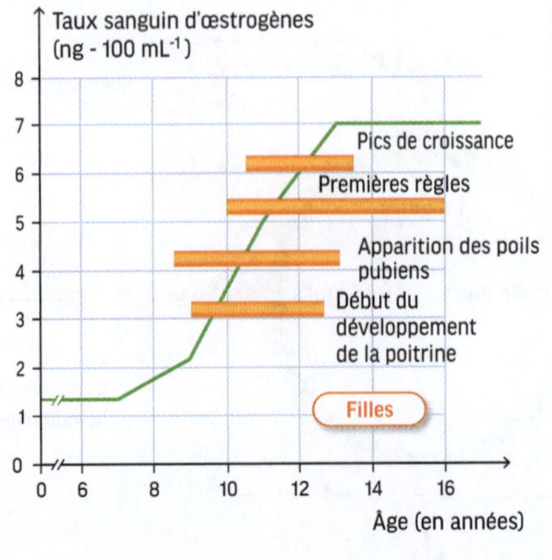

DICO SCIENCES

* **Gonadostimulines** : hormones cérébrales qui stimulent les gonades (ovaires et testicules).
* **Hormones** : messagers chimiques produits par une glande qui agit à distance sur un organe cible par voie sanguine.

BiLAN

Je retiens

- La **puberté**, passage de l'enfance à l'âge adulte, se caractérise par de grands changements.
- L'**appareil reproducteur** se développe sous l'action d'**hormones cérébrales** qui stimulent les **gonades**, lesquelles vont produire des **hormones sexuelles** (testostérone, œstrogènes) permettant l'apparition de **caractères sexuels II** (mue de la voix, poitrine…). Ainsi, l'appareil reproducteur devient fonctionnel et l'individu peut transmettre la vie.
- Chez l'homme, l'appareil reproducteur est composé du **pénis** et de **deux testicules**, qui produisent des **spermatozoïdes** en continu, toute sa vie. Il comporte aussi deux glandes annexes (**prostate** et **vésicule séminale**), qui participent à la fabrication du **sperme**. Cet appareil devient fonctionnel dès l'apparition des **premières éjaculations**.
- Chez la femme, l'appareil reproducteur est composé du **vagin**, de l'**utérus**, des **trompes utérines** et de **deux ovaires**. Le stock d'ovocytes est présent dès la naissance puis, de la puberté à la ménopause, un ovocyte mûr est produit tous les mois par les ovaires. Le **cycle ovarien** se réalise en même temps que le **cycle utérin**, lors duquel la muqueuse utérine s'épaissit, puis se dégrade après l'ovulation et produit un écoulement sanguin appelé **menstruations**.
- L'appareil reproducteur féminin devient fonctionnel dès l'apparition des **premières règles**.

J'apprends par le schéma

Le déclenchement de la puberté

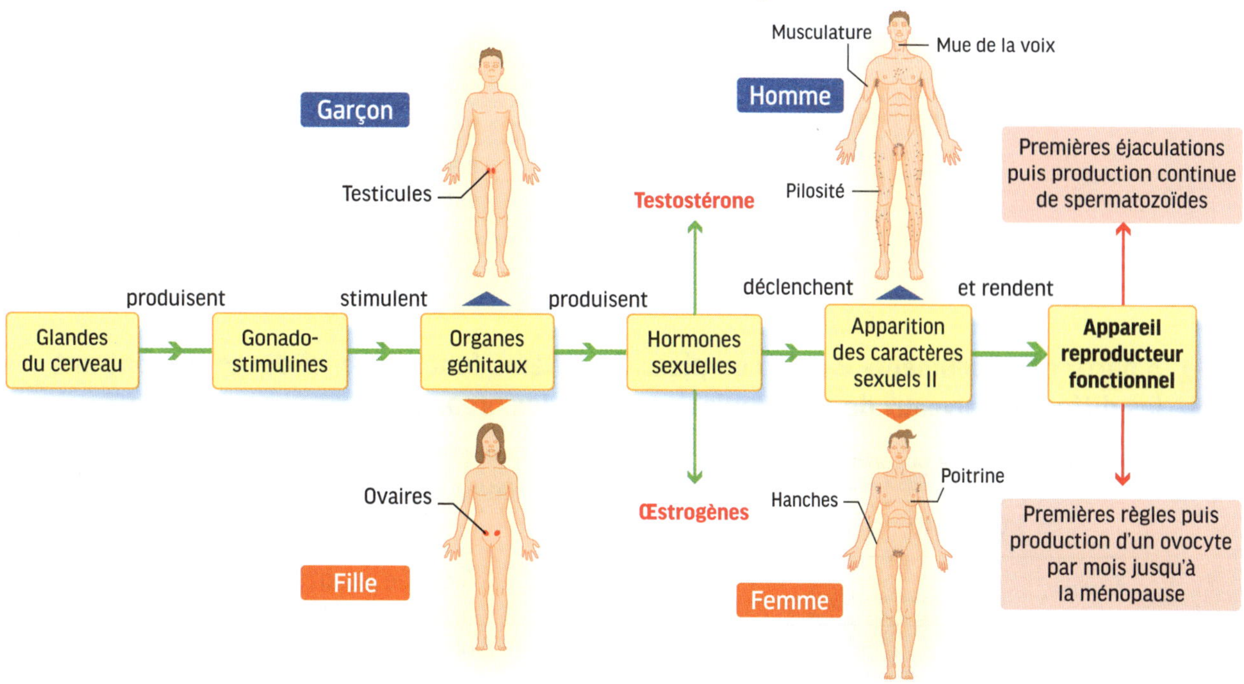

MÉMO AUDIO foucherconnect.fr/23svt79

QUIZ INTERACTIF foucherconnect.fr/23svt80

Je vérifie mes connaissances

1 **Sur le schéma ci-contre,**

1. Indiquer les périodes suivantes : ovulation, menstruations, développement du futur ovule, période de fécondité.
2. Colorier sur le cycle la durée de la période de menstruations en rouge et d'ovulation en bleu.

Cycle ovarien de 28 jours

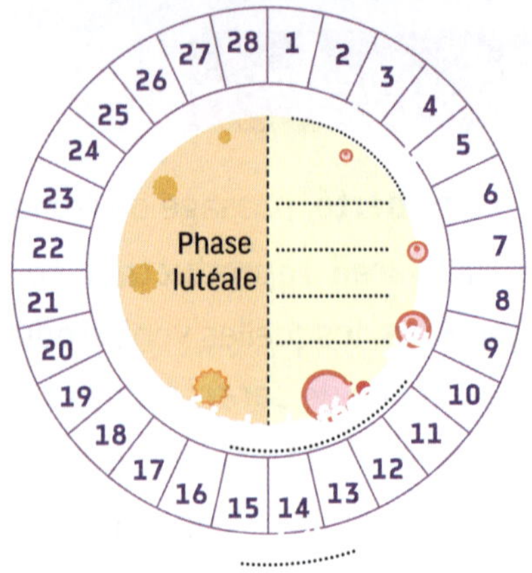

J'applique mes connaissances

2 **D'après le document 1, conclure sur l'origine du déclenchement des cycles.**

....

....

....

....

DOC • 1 **Expérience sur les ovaires d'une souris**

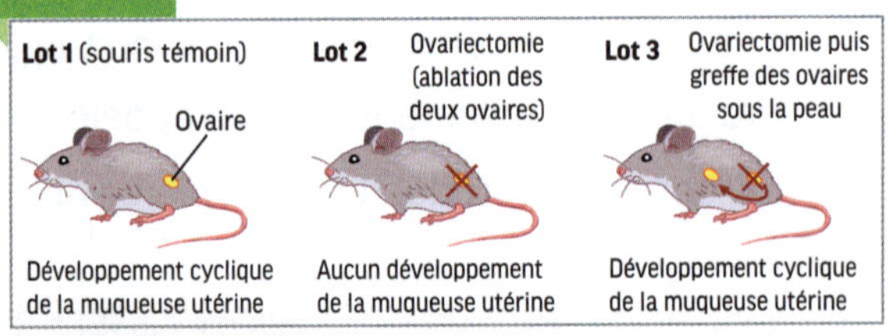

3 **Analyser le document 2 et le rôle des hormones sexuelles.**

....

....

....

....

....

DOC • 2 **Injections de testostérone**

Un adolescent de 17 ans constate un retard pubertaire. Il reçoit des injections de testostérone. Cela déclenche l'apparition d'une barbe, de poils pubiens, la croissance du pénis et des éjaculations. Deux ans plus tard, le traitement est arrêté et l'adolescent observe une perte de sa capacité à éjaculer et une barbe moins développée.

4 **À partir des documents 2 et 3, compléter le schéma fonctionnel ci-dessous montrant les différents niveaux de communication entre les organes.**

Contrôle hormonal de la puberté chez le garçon

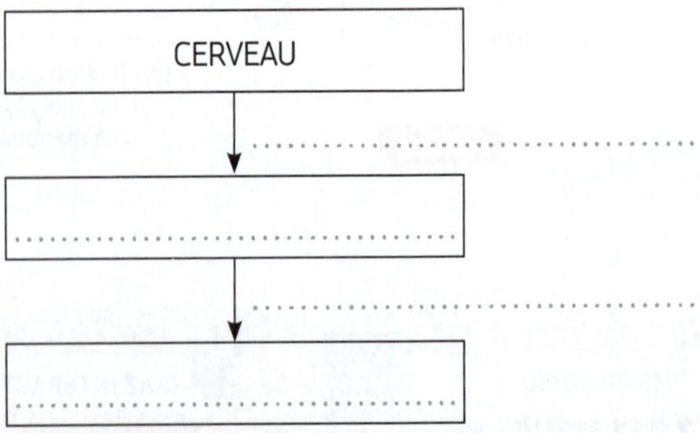

DOC • 3 **Injections d'hormones cérébrales**

Un médecin constate que son patient ne fabrique pas d'hormones cérébrales et que ses testicules ne fonctionnent pas. Il lui administre un traitement dans lequel il injecte ces hormones. Le patient développe alors des caractères sexuels secondaires et observe un bon fonctionnement de son appareil reproducteur.

chapitre 17

Vers une sexualité responsable

Dès la puberté, l'appareil reproducteur devient fonctionnel et permet de créer la vie. De nombreux changements se produisent dont la découverte de la sexualité, liée à une attitude responsable.

Quel moyen de contraception choisir pour éviter une grossesse non désirée ? Comment se protéger de certaines infections sexuellement transmissibles ?

- Analyser les différents moyens de contraception et choisir le plus adapté.
- Présenter les différentes infections sexuellement transmissibles (IST) et leur prévention.

VIDÉO 3'20"
Comment se transmettent les IST ?
foucherconnect.fr/23svt81

C1. 4 ACTIVITÉ 1 Qu'est-ce que la fécondité ?

1. À l'aide du **document 1**,

1. 1 **Définir** la période de fécondité.

....

....

....

1. 2 **Compléter** le calendrier des cycles d'une jeune femme ci-contre :
– en représentant les cycles 2 et 3 par des flèches ;
– en notant le jour de l'ovulation du cycle 2 ;
– en coloriant la période de fécondité en bleu pour chaque cycle.

Juillet			Août			Septembre	
1	S		1	M		1	V
2	D	R	2	M		2	S
3	L	R	3	J		3	D
4	M	R	4	V		4	L
5	M	R	5	S		5	M
6	J	R	6	D		6	M
7	V		7	L		7	J
8	S		8	M		8	V
9	D		9	M		9	S
10	L		10	J		10	D
11	M		11	V		11	L
12	M		12	S		12	M
13	J		13	D		13	M
14	V	Ovulation	14	L		14	J
15	S		15	M		15	V
16	D		16	M		16	S
17	L		17	J		17	D
18	M		18	V		18	L
19	M		19	S		19	M
20	J		20	D		20	M
21	V		21	L		21	J
22	S		22	M		22	V
23	D		23	M	R	23	S
24	L		24	J	R	24	D
25	M		25	V	R	25	L
26	M		26	S	R	26	M
27	J	R	27	D	R	27	M
28	V	R	28	L		28	J
29	S	R	29	M		29	V
30	D	R	30	M		30	S
31	L	R	31	J			

R : règles → : cycle 1

1. 3 Cette femme a eu des rapports sexuels les 8 et 22 juillet, ainsi que le 7 août et le 6 septembre. **Citer** les rapports susceptibles d'aboutir à une grossesse et **justifier**.

....

....

....

DOC • 1 La période de fécondité

La fécondation est la rencontre entre le spermatozoïde et l'ovule dans la trompe utérine de la femme. Leur fusion donne une cellule-œuf. Le cycle sexuel de la femme a une durée d'environ 28 jours et commence par le 1er jour des règles. L'ovulation a lieu au environ du 14e jour du cycle. La durée des cycles peut varier d'un individu à l'autre. La durée de vie de l'ovule est de 1 à 2 jours dans la trompe et celle du spermatozoïde de 3 à 5 jours. La période de fécondité se situe quelques jours avant ou après l'ovulation, selon la date du rapport sexuel et la présence des cellules sexuelles (ovule, spermatozoïde).

C6. 2 ACTIVITÉ 2

Comment aborder la sexualité et quel moyen de contraception choisir ?

2. À l'aide du **document 2**, **citer** trois attitudes responsables lors d'une relation sexuelle.

……………………………………………………………………………………………………

VIDÉO 9'42"
Sexualité et ados, les ados répondent
foucherconnect.fr/23svt82

DOC • 2 À la découverte de la sexualité

À la puberté, le corps se développe. Durant cette période, l'individu se cherche et c'est le début des premières relations affectives ou sexuelles où l'on éprouve le plaisir. Il faut comprendre ses envies pour s'accepter et savoir dire oui ou non. Lors d'une relation, il faut être à l'écoute, attentif, et surtout se respecter l'un et l'autre.

3. À l'aide du **document 3** (page ci-contre) et de vos connaissances, **compléter** le tableau suivant.

Moyen de contraception	Nom	Action	Avantages	Inconvénients
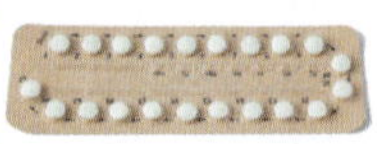	……………… (comprimé contenant des hormones qui se prend par voie orale)	Chimique Empêche : – ……………… ………………	– Efficacité (98 %) – Tolérance – ……………… ………………	– ……………… ……………… – ……………… ………………
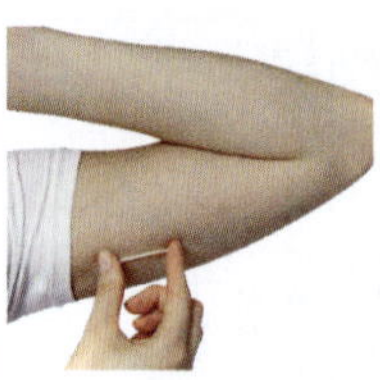	……………… (bâtonnet plastique sous la peau qui se garde 3 ans max.)	……………… – ……………… ……………… ………………	– Mêmes que pour la pilule – ……………… ………………	– Saignements (hors règles) – ……………… – ……………… – ………………
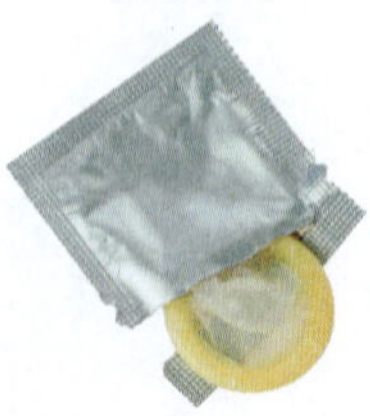	……………… (étui de latex mince)	Mécanique ……………… ……………… ………………	– Facile d'utilisation – Facile à trouver – ……………… ………………	– ……………… – Date limite d'utilisation – ……………… – Risque d'allergie
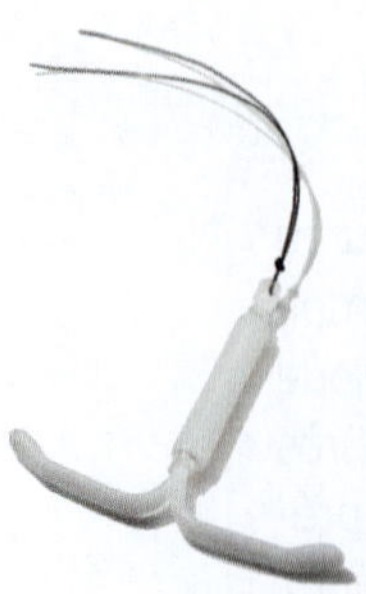	……………… (dispositif placé dans l'utérus par un professionnel de santé qui se garde 5-8 ans max.) Il en existe deux type : hormonal et cuivre.	……………… Empêche la remontée des spermatozoïdes (donc la fécondation) et la nidation.	– Mêmes que pour l'implant – L'absence d'hormones (DIU au cuivre) – Effets sur les règles douloureuses et abondantes (DIU hormonal)	Effets secondaires

4. **Expliquer** les termes soulignés dans le **document 3**.

....

....

5. **Définir** le terme « contraception ».

....

....

DOC • 3 La contraception : un droit pour tous

SITE INTERNET
Choisir sa contraception
foucherconnect.fr/23svt83

La compréhension des mécanismes de la reproduction et l'évolution des sociétés ont permis d'éviter une grossesse non désirée. La diversité des méthodes de contraception permet de choisir celle qui nous convient. Ces méthodes sont temporaires et réversibles.

On distingue deux types de contraception :

- mécanique (qui joue le rôle de barrière physique en empêchant la rencontre des gamètes) ;
- chimique (par les hormones qui bloquent l'ovulation).

6. **Citer** des exemples de rapports sexuels non ou mal protégés.

....

7. À l'aide des **documents 3** et **4**, **présenter** le moyen de contraception d'urgence utilisé en cas de rapport sexuel non ou mal protégé et **expliquer** son rôle.

....

....

8. **Compléter** le **document 4** avec les méthodes contraceptives correspondant aux différents lieux d'actions, puis **entourer** les méthodes mécaniques en bleu et les méthodes chimiques en rouge.

DICO SCIENCES

- **Fécondation** : union entre un spermatozoïde et un ovule dans la trompe de Fallope.
- **Nidation** : implantation d'un embryon dans l'utérus.

DOC • 4 Les lieux d'action des différents moyens de contraception

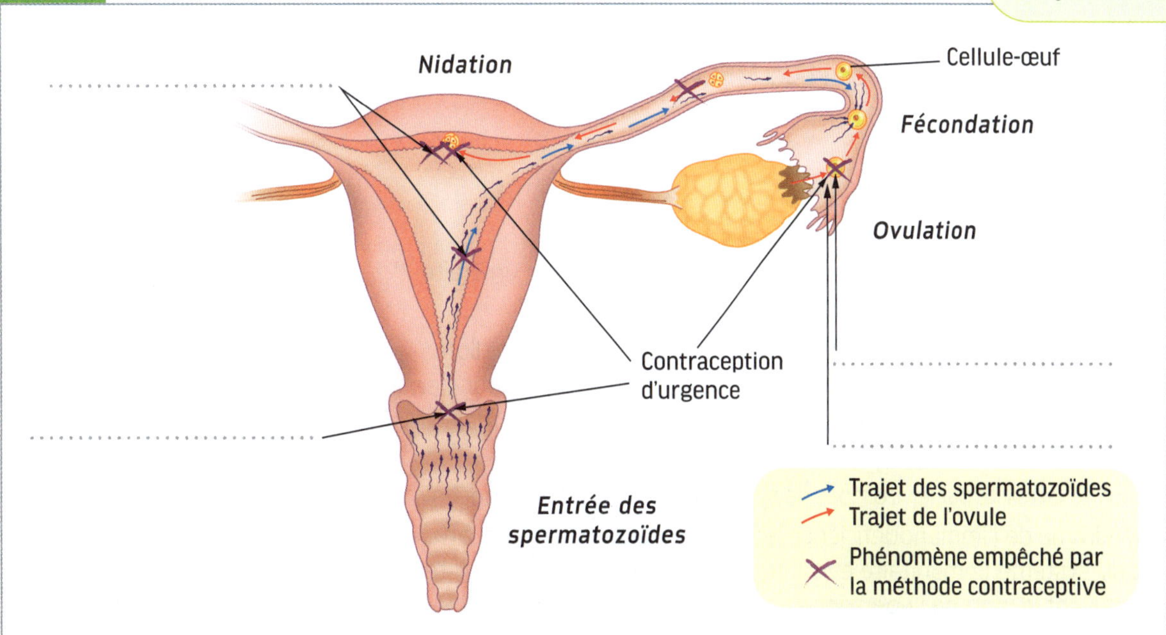

CG. 5 **ACTIVITÉ 3**

Comment se protéger des infections sexuellement transmissibles (IST) ?

8. Dans le **document 5**, **souligner** les IST d'origine bactérienne en bleu et celles d'origine virale en rouge.

VIDÉO 0'59"
Les différentes IST
foucherconnect.fr/23svt84

DOC • 5 **Tableau des symptômes des différentes IST**

Nom de l'IST	Symptômes
Gonoccocie	Brûlures ou démangeaisons au niveau des organes génitaux dues à une bactérie.
Chlamydiose	Brûlures, fièvre et douleurs au bas-ventre dues à une bactérie.
Syphilis	Plaies sur le sexe dues à une bactérie.
Herpès génital	Cloques et rougeurs sur les organes génitaux dues à un virus.
Papillomavirus	Verrues et lésions sur les organes génitaux provoquées par un virus.
Hépatite B	Jaunisse, fatigue et fièvre provoquées par le virus de l'hépatite B.
VIH/SIDA	Développement de **maladies opportunistes**.

9. D'après vos connaissances, **citer** les trois voies de transmission des IST.

....

10. Dans le **document 6**, **surligner** les moyens de prévention contre les IST.

DOC • 6 **Prévention des IST**

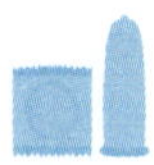

Utilisation du préservatif lors des rapports sexuels

Vaccin contre l'hépatite B et le papillomavirus

11. À l'aide des images, **citer** les trois conduites à tenir en cas de contamination par une IST.

....

....

....

12. À partir du **document 7**, **expliquer** pourquoi le SIDA est une maladie mortelle.

....

DOC • 7 **Conséquences des IST**

La plupart des IST d'origine bactérienne peuvent se soigner avec un traitement antibiotique, sans lequel il y aurait un risque de stérilité.

Les IST d'origine virale peuvent développer des cancers comme le papillomavirus (cancer du col de l'utérus) et l'hépatite B, d'où les vaccinations pour s'en protéger. Le VIH (virus de l'immunodéficience humaine) engendre une maladie qui évolue en deux stades :

- la séropositivité (atteinte par le virus, pas de symptômes pendant des années) ;
- le SIDA (syndrome de l'immunodéficience acquise) : maladie déclarée, affaiblissement du système immunitaire et apparition de maladies opportunistes entraînant souvent la mort de la personne.

DICO SCIENCES

* **Maladie opportuniste** : maladie qui profite d'un système immunitaire faible pour se développer.

BiLAN

Je retiens

• L'adolescence est notamment marquée par la **découverte de la sexualité.** On doit apprendre à se connaître et se respecter pour se protéger et éviter des grossesses non désirées et les IST.

• L'évolution des techniques médicales et de la société permet de choisir le moment d'avoir, ou non, un enfant. L'ensemble de ces méthodes s'appelle la **contraception**. Elle est soit chimique, soit mécanique et agit à différents niveaux :
– sur la **production de gamètes** (pilule, implant, contraception d'urgence) ;
– sur la **fécondation** (pilule, préservatif, stérilet) ;
– sur la **nidation** (pilule du lendemain, stérilet).

• Après une prise de risque lors d'un rapport mal ou non protégé, il existe la **contraception d'urgence**.

• Le préservatif protège aussi des **IST.** Ces infections d'origine bactérienne ou virale se transmettent **par voie sanguine, sexuelle ou mère-enfant** et peuvent avoir de graves conséquences sur la santé. Le **SIDA** est une **IST virale mortelle** dont on ne guérit pas ; un traitement permet de prolonger la vie. À ce jour, **seul le préservatif protège de toutes les IST. La vaccination ne concerne que deux IST : le papillomavirus et l'hépatite B.**

J'apprends par le schéma

Une reproduction maîtrisée et responsable

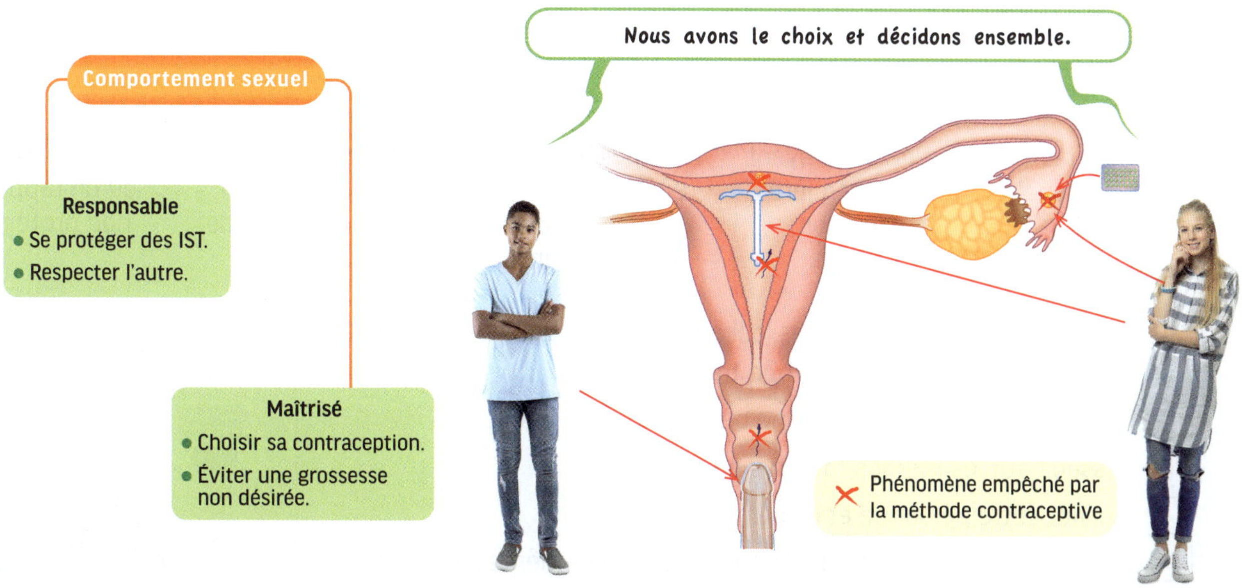

MÉMO AUDIO foucherconnect.fr/23svt85

QUIZ INTERACTIF foucherconnect.fr/23svt86

Je m'entraîne

Je vérifie mes connaissances

1 Farah a noté sur son calendrier la date d'apparition et la durée de ses règles durant deux cycles consécutifs.

Février

L	M	M	J	V	S	D
1	2	3	4	5	6	7
8	9	10	11	12	13	14
15	16	17	18	19	20	21
22	23	24	25	26	27	28

Mars

L	M	M	J	V	S	D
1	2	3	4	5	6	7
8	9	10	11	12	13	14
15	16	17	18	19	20	21
22	23	24	25	26	27	28
29	30	31				

1. Indiquer :

– La durée du premier cycle : ....

– La date de sa prochaine ovulation : ....

– La date de ses prochaines règles si sont cycles durait 28 jours : ....

2. Farah eu un rapport sexuel le 15 mars, elle craint d'être enceinte. Ses craintes sont-elles justifiées ? Expliquer pourquoi et donner sa période de fécondité si son cycle est de 28 jours.

....

....

....

J'applique mes connaissances

2 1. Relier chaque situation au(x) moyen(s) contraceptif(s) le(s) plus adapté(s).

2. Entourer le contraceptif mécanique utilisé par l'homme.

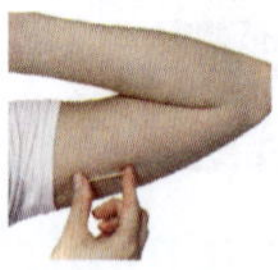

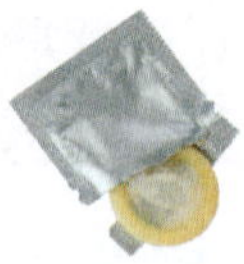

- Célibataire sans partenaire fixe.
- Personne ayant sa première relation.
- Femme ayant des enfants et n'en souhaitant plus pour l'instant.
- Femme ne souhaitant pas se préoccuper quotidiennement de sa contraception.
- Femme ayant eu un rapport non protégé.

3 1. Parmi les situations suivantes, cocher celles qui peuvent donner lieu à la transmission du VIH non traitée.

- ☐ Avoir un rapport sexuel avec une personne séropositive.
- ☐ S'asseoir sur les mêmes toilettes qu'elle.
- ☐ Toucher cette personne et lui parler.
- ☐ Donner naissance à un enfant lorsque l'on est soi-même séropositive.

2. Analyser l'affiche ci-contre.

....

....

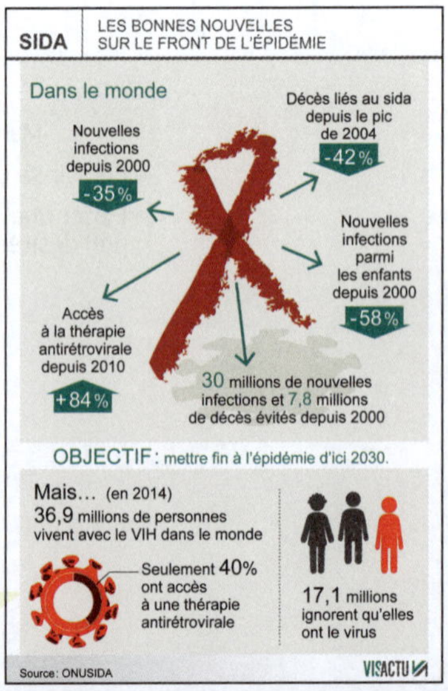

PARCOURS AVENIR

Les métiers de bouche

Quelques métiers

- Pâtissier/ère
- Pizzaïolo
- Boucher/ère
- Serveur/euse
- Cuisinier/ère
- Traiteur
- Charcutier/ère
- Boulanger/ère

Présentation du secteur d'activité

Les métiers de bouche regroupent un très grand nombre d'activités liées à la production et à la commercialisation des produits alimentaires. Ce secteur, très recherché, emploie en France environ 330 000 personnes. Depuis quelques années, on observe en effet une ouverture croissante de boutiques, les clients délaissant de plus en plus les grandes surfaces pour les commerces de proximité.

ZOOM SUR... *un métier*

>> Boulanger/ère-pâtissier/ère

En quoi consiste ce métier ?

Le boulanger-pâtissier est spécialisé dans la confection du pain et des desserts. Il doit se lever très tôt le matin pour préparer les différentes recettes, puis rester la journée dans la boulangerie pour vendre ses produits. Il aime réjouir les papilles de sa clientèle, avec laquelle il apprécie d'être en contact.

Quelles sont les formations possibles ?

- CAP Boulanger, CAP Pâtissier
- Bac pro Boulanger-pâtissier
- Brevet de maîtrise Pâtissier chocolatier confiseur glacier traiteur

Est-ce un métier fait pour moi ?

- ❏ J'aime me lever tôt.
- ❏ J'aime le travail manuel.
- ❏ J'aime le contact avec la clientèle.
- ❏ Je n'ai pas peur des journées chargées.

Quel salaire ?

- 1 500 € bruts/mois (pour un débutant)

Info +

SITE INTERNET
Les métiers de bouche
foucherconnect.fr/23svt87

SITE INTERNET
Pâtissier/ère
foucherconnect.fr/23svt88

Les métiers de maintenance et d'entretien

Présentation du secteur d'activité

Les professionnels de la maintenance et de l'entretien jouent un rôle très important dans beaucoup de secteurs industriels. Ils permettent de maintenir en état les machines et d'assurer la propreté des locaux. C'est un secteur d'activité actuellement très demandeur car il emploie beaucoup de personnel et souffre injustement d'une mauvaise image chez les jeunes.

Quelques métiers

> Ascensoriste
> Carrossier/ère
> Agent/e de propreté et d'hygiène
> Mécanicien/ne d'entretien avion
> Teinturier/ère, blanchisseur/se
> Mécanicien/ne moto
> Technicien/ne de maintenance industrielle

ZOOM SUR… *un métier*

>> Agent/e de propreté et d'hygiène

En quoi consiste ce métier ?

L'agent de propreté et d'hygiène travaille notamment dans les hôpitaux, les laboratoires ou les industries alimentaires. Il coordonne toutes les actions permettant au personnel de travailler dans un environnement sain, sans risque de contamination.

Quelles sont les formations possibles ?

- CAP Agent de propreté et d'hygiène
- Bac Pro Hygiène, propreté, stérilisation
- BTS Métiers des services à l'environnement

Est-ce un métier fait pour moi ?

- ❑ J'aime la propreté.
- ❑ J'aime le travail minutieux.
- ❑ J'aime travailler en autonomie.
- ❑ J'aime faire preuve de rigueur.

Quel salaire ?

- 1 500 € bruts/mois (pour un débutant)

Info +

SITE INTERNET
Agent/e de propreté et d'hygiène
foucherconnect.fr/23svt89

SITE INTERNET
Agent/e d'entretien et de propreté des locaux
foucherconnect.fr/23svt90

méthode 1

Réaliser une dissection

La dissection permet d'étudier l'anatomie d'un être vivant et le fonctionnement d'un appareil ou d'un système du corps. La méthode est rigoureuse et doit s'établir dans le respect de l'être vivant et dans des règles d'hygiène et de sécurité strictes.

ÉTAPE 1 Se préparer à la dissection

- **Mettre** sa blouse et ses gants.
- **Attacher** ses cheveux, si besoin.
- **Débarrasser** sa paillasse et la désinfecter.
- **Vérifier** son matériel et l'installer devant soi selon l'ordre du protocole.
- **Placer** la cuvette au centre.

MATÉRIEL NÉCESSAIRE

* cuvette à dissection
* gants jetables
* ciseaux
* scalpel
* épingles
* deux pinces fines
* matériel biologique
* produit désinfectant

ÉTAPE 2 Suivre le protocole de dissection

Exemple de dissection : les membres inférieurs d'une grenouille

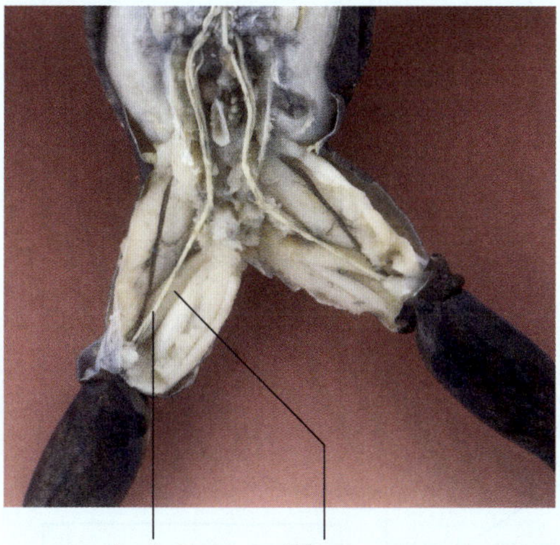

- **Placer** le ventre de l'animal contre le fond de la cuvette.
- **Fixer** la grenouille à l'aide de quatre épingles enfoncées obliquement.
- **Inciser** la cuisse avec le scalpel dans le sens de la longueur et séparer le muscle extenseur et le muscle fléchisseur à l'aide d'une pince. L'os de la cuisse apparaît : c'est le fémur.
- **Couper** dans le sens de la longueur le muscle de la cuisse avec la pince et les ciseaux.
- **Écarter** délicatement les chairs en dessous du fémur. Un cordon blanchâtre apparaît : c'est le nerf sciatique. Attention à ne pas l'arracher !
- **Décoller** avec une pince fine le nerf sciatique tout le long du muscle afin de repérer à quoi il se rattache de chaque côté (colonne vertébrale et fibres musculaires).

ÉTAPE 3 Nettoyer et ranger le matériel

- **Enlever** les épingles.
- **Jeter** le matériel biologique dans une poubelle à déchets organiques et les gants dans une poubelle à déchets souillés.
- **Nettoyer** le matériel et la paillasse.
- **Désinfecter** ses mains.

Réaliser un dessin d'observation

Le dessin d'observation permet d'établir un compte rendu de l'observation d'un échantillon à l'œil nu, au microscope optique ou à la loupe binoculaire. Il doit être le plus fidèle possible à la réalité. Il a une fonction de description.

MATÉRIEL NÉCESSAIRE

- feuille blanche
- crayon à papier
- gomme
- règle

Exemple de dessin d'observation : cellules de peau de grenouille

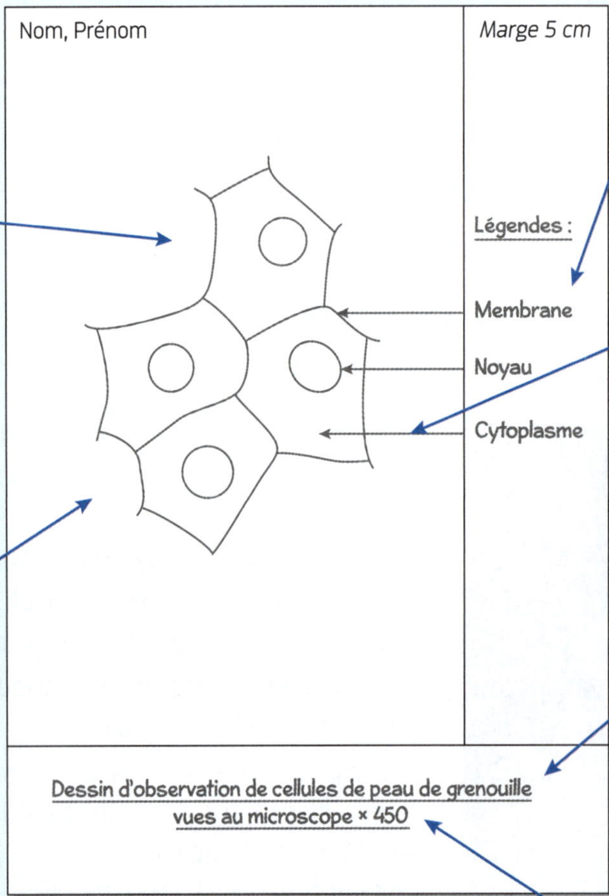

ÉTAPE 1
Dessiner sans appuyer les éléments principaux, puis les détails, et **faire** des contours fins, nets et précis.

ÉTAPE 2
Respecter les proportions et formes de l'échantillon observé.

ÉTAPE 3
Mentionner les légendes dans la marge en les alignant.

ÉTAPE 4
Tracer des flèches horizontales allant des légendes aux éléments désignés.

ÉTAPE 5
Donner un titre mentionnant l'échantillon observé et l'outil utilisé. Centrez le titre et **soulignez**-le.

ÉTAPE 6
Dans le cas d'un microscope, **préciser** l'objectif.

méthode 3

Construire une courbe

La construction d'une courbe permet de transformer des valeurs données dans un tableau en un graphique, et ainsi de visualiser d'un simple coup d'œil les variations de ces valeurs. Cette construction nécessite de la rigueur et doit être effectuée de la façon la plus propre possible.

Exemple : construire la courbe de la taille d'un individu en fonction de son âge.

Âge (année)	0	4	8	12	16	20
Taille (m)	0,50	1,00	1,30	1,50	1,70	1,70

MATÉRIEL NÉCESSAIRE

- feuille de papier millimétré
- crayon à papier
- gomme
- règle

ÉTAPE 1 **Tracer** l'axe des ordonnées à la règle, puis **écrire** à droite de la flèche sa signification, sans oublier de **mentionner** son unité entre parenthèse.

ÉTAPE 3 **Noter** sur les deux axes des graduations à intervalle régulier ; cela permet de donner l'échelle utilisée.

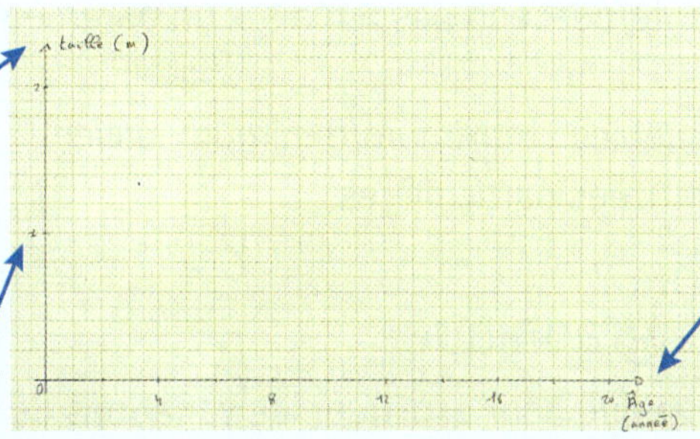

ÉTAPE 2 **Tracer** l'axe des abscisses à la règle, puis **écrire** en dessous de la flèche sa signification, sans oublier de **mentionner** son unité entre parenthèse.

ASTUCE **Comment choisir l'axe des abscisses et celui des ordonnées ?**
La phrase « Construire la courbe de la taille d'un individu en fonction de son âge » peut se traduire en langage mathématique par « taille = f(âge) », soit « $y = f(x)$ » :

- y = taille (ce qui correspond à l'axe des ordonnées)
- x = âge (ce qui correspond à l'axe des abscisses)

ÉTAPE 4 **Placer** et **écrire** sur les deux axes les valeurs (taille et âge) données dans le tableau.

ÉTAPE 6 À l'intersection de ces deux lignes, **placer** une croix en forme de « plus ».

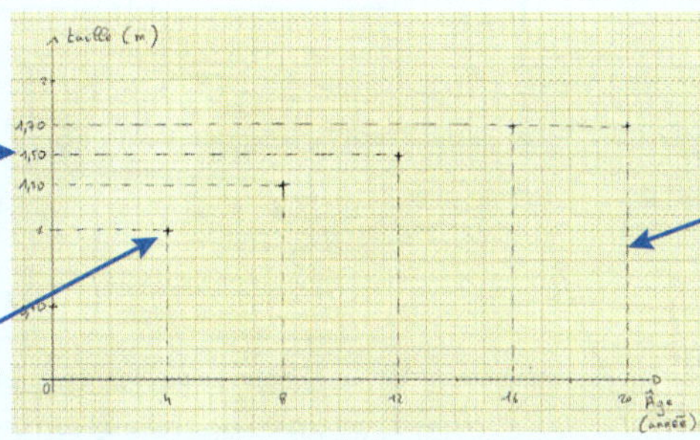

ÉTAPE 5 **Relier** à l'aide de lignes de pointillés les deux valeurs de chaque colonne du tableau.

ÉTAPE 7 **Relier** les différents points à main levée.

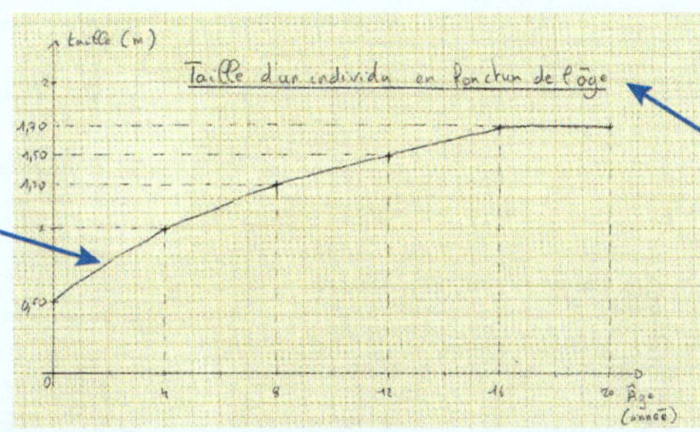

ÉTAPE 8 **Écrire** le titre de la courbe puis le souligner.

Analyser un graphique

Un graphique est une forme de présentation des résultats d'une expérience. Il peut être interprété, c'est-à-dire qu'on peut expliquer les résultats en question.

ÉTAPE 1 Décrire le graphique

- **Repérer** les différentes informations du graphique :
  → 1. Le titre
  → 2. La légende des axes avec les unités
- **Repérer** sur la courbe :
  → 3. L'allure générale de la courbe et l'évolution des paramètres

Attention : « Une courbe ne monte/descend pas » mais « un paramètre augmente/croît ou diminue/décroît au cours du temps ».

→ 4. Les points remarquables : maximum/minimum, palier
Chercher des valeurs chiffrées particulières.

ÉTAPE 2 Interpréter le graphique

- **Tirer** des informations du graphique pour expliquer les variations de la courbe d'après ses connaissances. Utiliser le vocabulaire « Je constate que… », « J'en déduis que… ».
- **Conclure** pour répondre, le cas échéant, au problème posé.

Exemple : Analyser l'évolution du taux d'oestrogènes au cours du temps chez une fille.

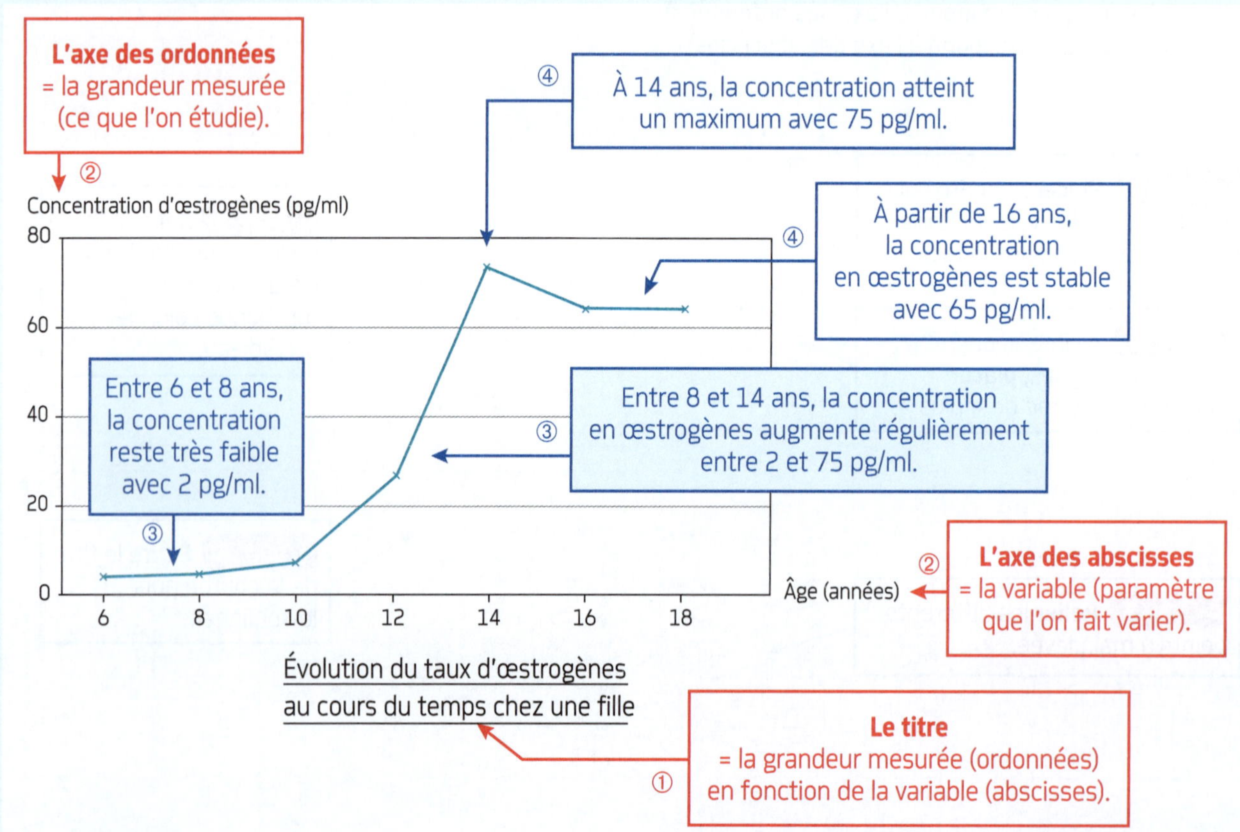

Examen terminal du diplôme national du brevet (DNB)

Présentation de l'épreuve écrite des sciences

Les Sciences de la Vie et de la Terre font partie de l'épreuve des Sciences, au même titre que la Physique-chimie et la Technologie.

À chaque session, seules deux disciplines sur les trois sont évaluées.

L'ensemble de l'épreuve dure 1 heure et est noté sur 50 points.

Sujets d'entraînement proposés dans le manuel

Les différentes sources d'énergie et leurs conséquences

SUJET 1
25 min.
25 points*

DOC • 1 Définitions des énergies non-renouvelables et renouvelables

Une énergie non-renouvelable désigne une énergie que l'on produit à partir de la combustion de matières premières fossiles : le pétrole, le charbon et le gaz naturel. Elle n'est pas renouvelable à l'échelle d'une vie humaine.

Une énergie renouvelable est une ressource énergétique dont le renouvellement naturel est assez rapide pour qu'elle puisse être considérée comme inépuisable à l'échelle d'une vie humaine. L'énergie solaire (produite à partir du soleil), l'énergie éolienne (produite à partir du vent), l'énergie géothermique (produite par l'activité interne de la Terre), l'énergie provenant de la biomasse (produite à partir de la matière organique des êtres vivants) et l'énergie hydraulique (produite à partir de la force de l'eau) sont des types d'énergie renouvelable.

DOC • 2 Comparaison de deux sources d'énergie

	Source d'énergie	
	Bois	Charbon
Quantité d'énergie produite par la combustion de 1 kg de combustible	4 kWh	8 kWh
Temps de formation de la source d'énergie	15 à 200 années	250 à 300 millions d'années
Quantité de CO_2 émis pour 1 kWh d'énergie produite	13 g[1]	355 g

1. Le CO_2 émis par la combustion du bois est recyclé par la plantation d'arbres ; sans cela, elle est de 255 g/kWh.

DOC • 3 Quantité atmosphérique de gaz à effet de serre en 1800 et en 2011

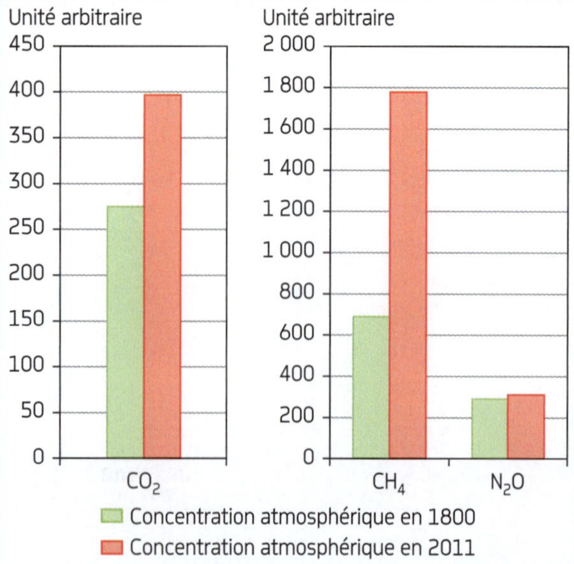

Source données : www.science.gouv.fr

DOC • 4 Quantité de CO_2 émise pour différentes énergies

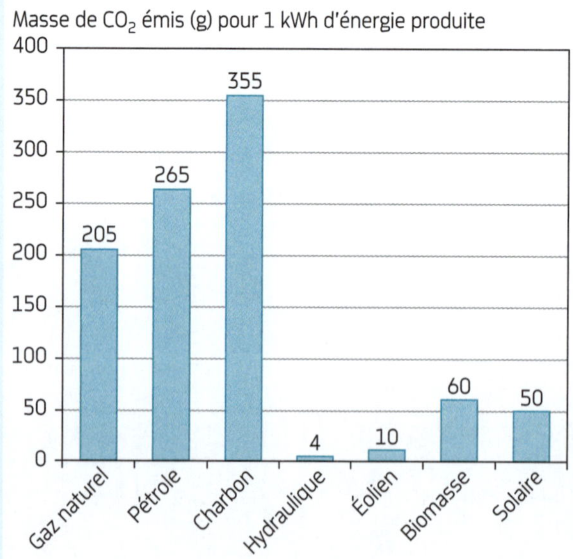

* 22,5 points et 2,5 points pour la présentation de la copie et l'utilisation de la langue française

QUESTION 1

À l'aide des documents 1 et 2, justifier le fait que le charbon soit une énergie non-renouvelable.

....

....

....

QUESTION 2

À l'aide du document 2, donner les avantages et les inconvénients de l'utilisation du charbon et du bois comme source d'énergie.

....

....

....

....

....

....

QUESTION 3

À partir du document 3, décrire les variations des gaz à effet de serre entre les années 1800 et 2011, puis donner la cause de cette variation.

....

....

....

QUESTION 4

On observe une augmentation de la température atmosphérique d'environ 0,8 °C depuis le début de l'ère industrielle (vers 1800). Expliquer quelle est la cause de cette augmentation puis, à l'aide de vos connaissances, en donner deux conséquences.

....

....

....

....

....

QUESTION 5

À l'aide du document 4, mentionner les sources d'énergie qu'il faudrait utiliser pour apporter une solution au réchauffement atmosphérique (en justifiant), puis en dégager un avantage supplémentaire.

....

....

....

SUJET 2 Diversité et unicité des êtres vivants

25 min.
25 points*

Sujet inspiré du sujet de l'épreuve de SVT du DNB série générale de juin 2015

DOC • 1 Le syndrome de Down ou trisomie 21

Les personnes atteintes de trisomie 21 ont des caractères morphologiques différents des autres individus (visage plat, yeux bridés, doigts courts, muscles peu développés), ainsi que certaines caractéristiques physiologiques perturbées (à l'origine de maladies digestives, de retard mental…).

DOC • 2 Les chromosomes d'un individu atteint du syndrome de Down

Les chromosomes sont flexibles et donc déformables : leur forme plus ou moins droite n'est pas une caractéristique de l'individu.

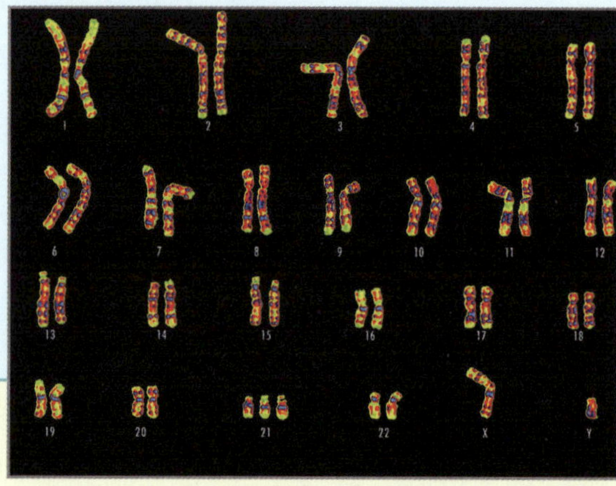

DOC • 3 Deux caryotypes d'individus sans anomalie chromosomique

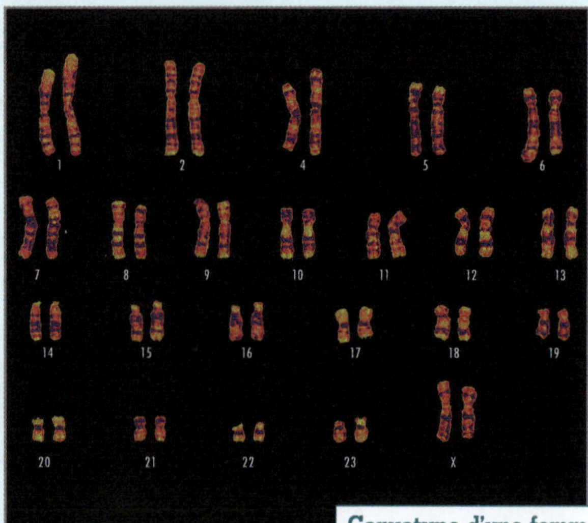

Caryotype d'une femme

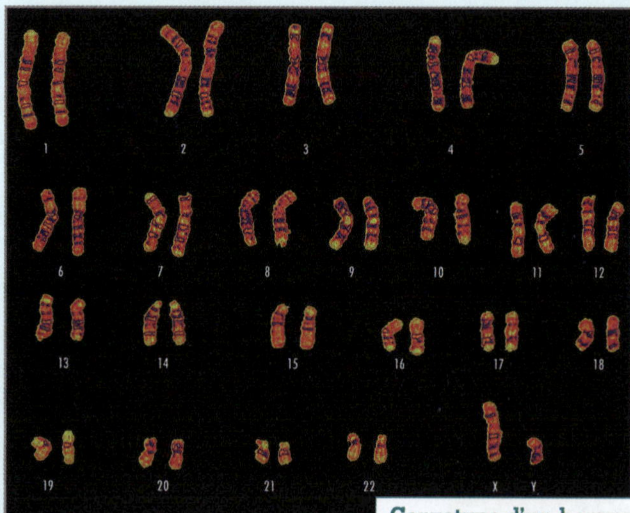

Caryotype d'un homme

* 22,5 points et 2,5 points pour la présentation de la copie et l'utilisation de la langue française

DOC • 4 Schéma simplifié de la fécondation sans anomalie chromosomique

L'abréviation *chrm.* signifie *chromosomes*.
Les cellules ne sont pas à l'échelle.

Les gamètes sans anomalie contiennent 23 chromosomes chacun.

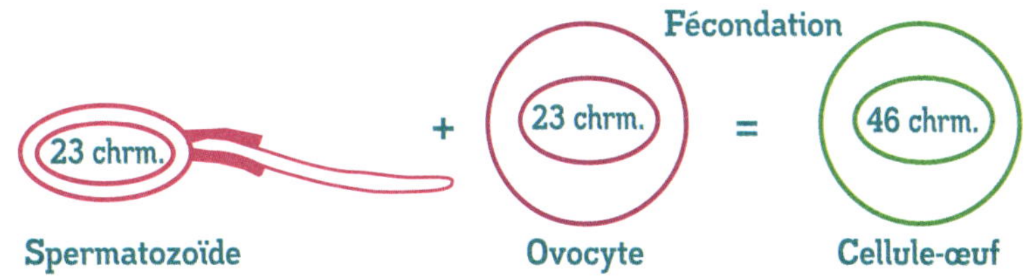

QUESTION 1

En comparant les documents 2 et 3, donner l'origine du syndrome de Down.

....

....

....

....

....

QUESTION 2

Déterminer le sexe de l'individu atteint du syndrome de Down. Justifier la réponse.

....

....

QUESTION 3

À partir du document 4 et de votre réflexion, légender et titrer le schéma ci-dessous de la fécondation donnant naissance à une cellule-œuf porteuse du syndrome de Down. Il existe deux possibilités, une seule est demandée.

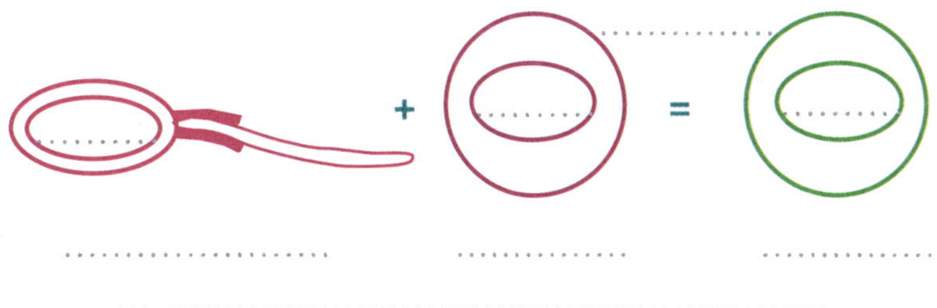

Titre : ....

....

QUESTION 4

En vous appuyant sur les documents et vos connaissances, montrer qu'il y a une relation entre les chromosomes et les caractères physiques d'un individu.

....

....

....

....

SUJET 3

25 min.
25 points*

Le virus de l'immunodéficience humaine (VIH) : une IST mortelle

Sujet inspiré du sujet de l'épreuve de SVT du DNB série générale de juin 2015

DOC • 1 Les différentes phases de l'infection par le VIH

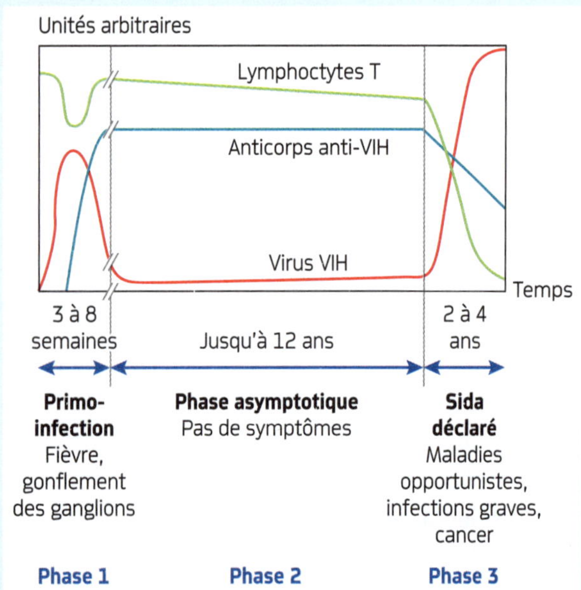

DOC • 2 L'origine de la phase SIDA déclaré

Les personnes atteintes du VIH voient leur système immunitaire s'affaiblir et ne sont plus protégées des infections. Des études ont été réalisées pour déterminer l'origine de l'apparition des symptômes de la phase de SIDA déclaré. Chez une grande partie des personnes séropositives, les maladies opportunistes apparaîtront quelques années après leur contamination. D'autres personnes ne sont toujours pas malades après 20 ans.

DOC • 3 Comparaison de deux groupes de patients

Groupe 1 : personnes séropositives au VIH

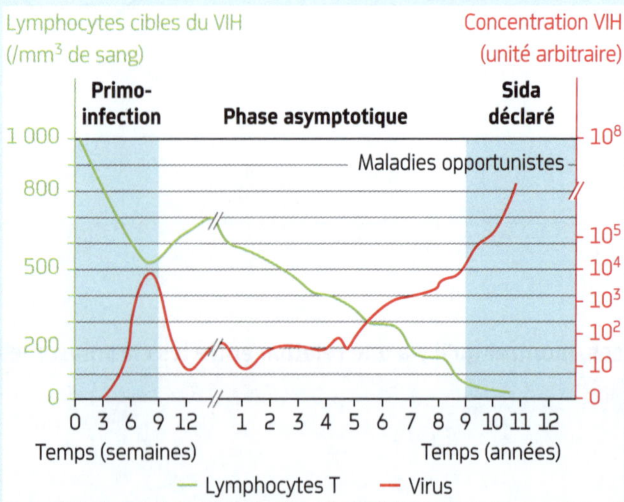

Groupe 2 : personnes séropositives au VIH dont la maladie a été retardée par un traitement

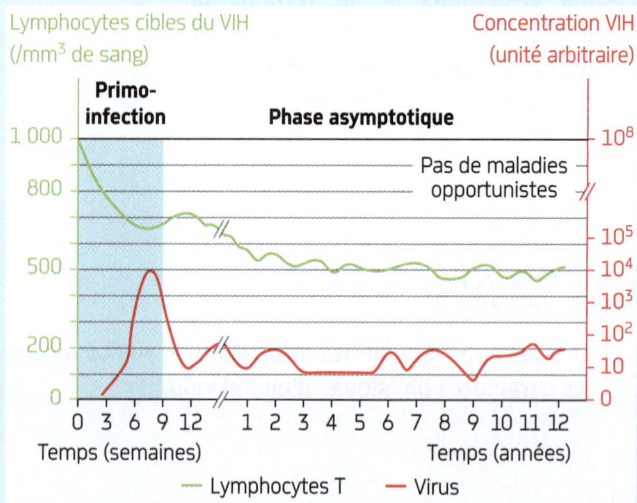

* 22,5 points et 2,5 points pour la présentation de la copie et l'utilisation de la langue française

QUESTION 1

À l'aide de vos connaissances et du document 1, citer le micro-organisme responsable du SIDA.

....

QUESTION 2

À l'aide de vos connaissances et des documents 1 et 2, indiquer le moment à partir duquel on devient séropositif. Justifier votre réponse.

....

....

....

QUESTION 3

À l'aide des documents 1 et 3, indiquer au bout de combien de temps les maladies opportunistes apparaissent dans le groupe 1.

....

....

QUESTION 4

À l'aide des documents 1 et 3, comparer les deux groupes concernant l'apparition des maladies opportunistes.

....

....

....

....

....

....

QUESTION 5

À l'aide de vos connaissances, citer deux attitudes responsables pour éviter la contamination par le VIH.

....

....

....

Les 17 objectifs du développement durable

En septembre 2015, les 193 États membres de l'ONU ont adopté l'agenda 2030 et ses **17 objectifs de développement durable**.
Les objectifs de développement durable donnent la marche à suivre pour parvenir à un avenir meilleur et plus durable pour tous. Ils englobent les trois dimensions du développement durable : **sociale**, **économique** et **environnementale**.
Leur but est de favoriser le passage à l'action pour améliorer l'éducation, la santé, le climat, la biodiversité, l'énergie, l'eau, l'égalité entre les sexes, l'alimentation et de nombreuses thématiques pour toute la population.

- **Des exemples ?** Lutter contre les changements climatiques, éradiquer la faim et la pauvreté, accéder à une énergie durable, vivre en paix… voici des exemples pour répondre à ces objectifs.
- **Qui peut agir ?** Les États, les collectivités locales, les entreprises, les associations, et chaque citoyen de la planète. Tout le monde est concerné et peut agir à son échelle.

VIDÉOS
C'est quoi les ODD ?
foucherconnect.fr/23svt91

ACTIVITÉ 1 Comprendre les ODD

DOC • 1 **Les 17 objectifs du développement durable**

1. Pour chacun des ODD cités page suivante :
- **Expliquer** le rôle de l'ODD.
- **Faire correspondre** l'ODD avec l'un des chapitres étudiés.
- À partir de ce chapitre, **indiquer** un exemple d'action qui pourrait remplir cet objectif.

SITE INTERNET
Les 17 objectifs du développement durable
foucherconnect.fr/23svt92

Objectif 3 : Bonne santé et bien-être

3 BONNE SANTÉ ET BIEN-ÊTRE

Rôle : ....

....

....

Chapitre : ....

Exemple d'action : ....

....

....

Objectif 6 : Eau propre et assainissement

6 EAU PROPRE ET ASSAINISSEMENT

Rôle : ....

....

....

Chapitre : ....

Exemple d'action : ....

....

....

Objectif 7 : Énergie propre et d'un coût abordable

7 ÉNERGIE PROPRE ET D'UN COÛT ABORDABLE

Rôle : ....

....

....

Chapitre : ....

Exemple d'action : ....

....

....

Objectif 13 : Mesures relatives à la lutte contre les changements climatiques

13 MESURES RELATIVES À LA LUTTE CONTRE LES CHANGEMENTS CLIMATIQUES

Rôle : ....

....

....

Chapitre : ....

Exemple d'action : ....

....

....

Objectif 14 : Vie aquatique

14 VIE AQUATIQUE

Rôle : ....

....

....

Chapitre : ....

Exemple d'action : ....

....

....

Objectif 15 : Vie terrestre

15 VIE TERRESTRE

Rôle : ....

....

....

Chapitre : ....

Exemple d'action : ....

....

....

ACTIVITÉ 2 Proposer un projet de développement durable

2. Choisir ou tirer au hasard l'un des 17 ODD puis **réaliser** une présentation orale ou un poster à exposer dans le hall de votre établissement.

Pistes de travail :

2. 1 **Présenter** l'ODD.

2. 2 **Illustrer** cet ODD avec une initiative en faveur de l'Agenda 2030 menée dans le monde puis, une initiative menée en France.

2. 3 **Proposer** des idées de projets à mener dans ton établissement pour cet ODD.

Crédits photographiques

Couverture ph © fotoVoyager/iStock
p. 9 © Météo-France
p. 13 ph© Goodpics/stock.adobe.com
p. 15 © NASA/Goddard Space Flight Center Scientific Visualization Studio Thanks to Rob Gerston (GSFC) for providing the data
p. 22 milieu de gauche à droite : ph©MaciejBledowski/stock.adobe.com, ph©F Armstrong Photo/stock.adobe.com, ph©Tilio & Paolo/stock.adobe.com, ph©tampatra/stock.adobe.com, ph©Yellow Boat/stock.adobe.com
p. 22 bas © Bérengère Staron
p. 24 ph© Ovidiu-Mihai Dancae/Agefotostock.com
p. 26 haut g ph© Raanan/stock.adobe.com
p. 26 haut m ph© Roman Sigaev/stock.adobe.com
p. 26 haut d ph© klikk/stock.adobe.com
p. 26 bas ph© Pixaterra/stock.adobe.com
p. 28 ph© Soizic Cuisinier
p. 31 ph© franco lucato/stock.adobe.com
p. 32 ph© Richard Damoret/REA
p. 33 milieu ph© Sashkin/stock.adobe.com
p. 33 bas ph© aussieanouk/stock.adobe.com
p. 34 milieu ph© mrhighsky/stock.adobe.com
p. 34 bas ph© Sebastian Kaulitzki/stock.adobe.com
p. 39 ph© pixelheadphoto/stock.adobe.com
p. 40 ph© LookatSciences (reprise p. 122)
p. 44 ph© LookatSciences
p. 45 haut g ph©vlad61_61/stock.adobe.com
p. 45 haut d ph©Stan-972/stock.adobe.com
p. 45 bas g ph©ysbrandcosijn/stock.adobe.com
p. 45 bas d ph©Kseniya Abramova/stock.adobe.com
p. 47 haut ph© zm_photo/stock.adobe.com
p. 47 bas ph© pixelcaos/stock.adobe.com
p. 48 gauche ph© rsooll/stock.adobe.com
p. 48 milieu ph© Don Landwehrle/stock.adobe.com
p. 48 droite ph© Gina Sanders/stock.adobe.com
p. 52 de gauche à droite : ph©evegenesis/stock.adobe.com, ph©andregric/stock.adobe.com, ph©Anatolii Roman/stock.adobe.com, ph©Samokhin/stock.adobe.com, ph©Tatiana/stock.adobe.com, ph©Galyna/stock.adobe.com, ph©5second/stock.adobe.com, ph©Eric Isselée/stock.adobe.com
p. 53 ph© James L. Amos/Getty Images
p. 56 haut de gauche à droite : ph©Ivan/stock.adobe.com, ph© Kevin/stock.adobe.com, ph©Marek R. Swadzba/stock.adobe.com, ph©Manuel Findeis/stock.adobe.com, bas ph© procy_ab/stock.adobe.com
p. 57 ph© Seventyfourstock.adobe.com
p. 58 ph© Rawpixel.com/Shutterstock
p. 60 ph© SPL/BSIP
p. 61 ph©studioloco/stock.adobe.com
p. 65 ph© sudowoodo/stock.adobe.com
p. 66 ph© Jean-Michel Labat/Biosphoto (reprise p. 115)
p. 68 haut ph© ilya_levchenko/stock.adobe.com
p. 68 bas ph© Rajcreationzs/stock.adobe.com
p. 70 ph©zuchero/stock.adobe.com
p. 71 ph© Drobot Dean/stock.adobe.com
p. 73 © Association JNA-Journée nationale de l'Audition.
p. 74 haut ph© Pascal Goetgueluck/ISM
p. 74 bas © Sécurité routière
p. 78 de haut en bas de droite à gauche ViDi Studio, Djomas, klyaksun, klyaksun, klyaksun, klyaksun, hanggoro, hanggoro, djvstock, Marina, klyaksun, klyaksun, klyaksun, robu_s, Rudzhan
p. 82 ph© Vitya/stock.adobe.com
p. 89 haut g ph© Dmitry Knorre/stock.adobe.com
p. 89 haut d ph© abhijith3747/stock.adobe.com
p. 89 bas g ph© Kateryna_Kon/stock.adobe.com
p. 89 bas d ph© Tatiana Shepeleva/stock.adobe.com
p. 91 © Eric Walravens, Athénée Fernand Blum
p. 92 haut © Journée européenne d'information sur les antibiotiques
p. 92 bas ph© SPL/BSIP
p. 96 ph© royaltystockphoto/stock.adobe.com
p. 97 haut ph© sveta/stock.adobe.com
p. 97 bas ph© extender_01/stock.adobe.com
p. 108 haut ph© stas_malyarevsky/stock.adobe.com (reprise p. 112)
p. 108 milieu b ph© StockPhotosArt/stock.adobe.com (reprise p. 112)
p. 109 © Santé public France
p. 110 haut © Евгения Крупель/stock.adobe.com
p. 110 bas g ph© Krakenimages.com/stock.adobe.com
p. 110 milieu ph© joyfotoliakid/stock.adobe.com
p. 110 droite ph© Екатерина Арцыбашева/stock.adobe.com
p. 111 ph© Africa Studio/stock.adobe.com
p. 112 ph© Timothy Hogan/Corbis/Photononstop (stérilet)
p. 112 ph© AP/SIPA (implant contraceptif)
p. 112 ph© Philippe Turpin/Photononstop (pilule du lendemain)
p. 112 bas © VISACTU
p. 113 ph© Kzenon/stock.adobe.com
p. 114 ph© Docstock/BSIP
p. 122 ph© LookatSciences (3 images)

PAPIER À BASE DE FIBRES CERTIFIÉES

FOUCHER s'engage pour l'environnement en réduisant l'empreinte carbone de ses livres. Celle de cet exemplaire est de : 950 g éq. CO_2
Rendez-vous sur www.editions-foucher-durable.fr

Achevé d'imprimer par L.E.G.O. S.p.A. - Lavis (TN) - Italie
Dépôt légal : 16839-2/01 - Mars 2023